MAITRISE DE LA LANGUE

CE2/CM1

POÉSIES ET JEUX DE LANGAGE

Christian Lamblin

Illustrations de Marie-Pierre Oddoux

RETZ
www.editions-retz.com
1, RUE DU DÉPART
75014 PARIS

SOMMAIRE

* Auteur figurant dans la liste de référence des œuvres de littérature à étudier au cycle 3, établie par le Ministère de l'Éducation Nationale (Document d'application des programmes 2002).

Sommaire

Sommaire

Sommaire

* Auteur figurant dans la liste de référence des œuvres de littérature à étudier au cycle 3, établie par le Ministère de l'Éducation Nationale (Document d'application des programmes 2002).

ACTIVITÉS DOMINANTES

Arts plastiques

1 – **Locataires**, Jean-Luc Moreau
– Réaliser des montages d'illustration.
– Créer sa propre mise en page.

4 – **La Nouvelle Année**, Louisa Paulin
– Rechercher des couleurs et un décor significatifs.

7 – **Calligrammes**
– Réaliser un calligramme.

10 – **La Chenille**, Guillaume Apollinaire
– Mettre en page une illustration.

13 – **Le Flocon**, Louis Delorme
– Fabriquer un mini-livre.
– Mettre en images un texte personnel.

16 – **Le Pélican**, Robert Desnos
– Mettre le texte et l'image en scène à l'aide d'un collage.

19 – **La Cravate** (calligramme), Guillaume Apollinaire
– Affiner le texte et la représentation graphique d'un calligramme.

22 – **Nuances**, Louis Delorme
– Réaliser un collage de mots illustrant l'idée maîtresse du texte.

25 – **Fontaine**, Robert Desnos
– Créer une illustration exprimant l'ambiance fantastique du poème.

28 – **L'Embouteillage**, Jacques Charpentreau
– Réaliser un collage de mots pour représenter l'embouteillage.

Expression orale

2 – **Conseils donnés par une sorcière**, Jean Tardieu
– Mettre en scène le poème.

5 – **J'voudrais**, Jean-Luc Moreau
– S'entraîner à la lecture expressive.

8 – **Vert de mer**, Madeleine Le Floch
– S'entraîner à la lecture expressive.
– Expérimenter une méthode de mémorisation du texte.

11 – **Courageux mais pas téméraire**, Louis Delorme
– Préciser le vocabulaire spécifique à la poésie (vers, rime, rythme…).
– Mémoriser un texte long à l'aide d'un support visuel.

14 – **La Biche**, Maurice Rollinat
– S'entraîner à la lecture expressive.
– Expérimenter une méthode de mémorisation du texte.

17 – **L'Arbre**, Jacques Charpentreau
– Mémoriser un texte long à l'aide d'un support visuel.
– S'entraîner à la lecture expressive.

Activités dominantes

Production d'écrits

Ce fichier s'adresse aux élèves de CE2 et de CM1. Il regroupe 30 poèmes à partir desquels sont déclinées des activités de langue orale et écrite, ainsi que des séances d'arts plastiques.

CONTENU DU FICHIER

Chaque poème est accompagné :
- d'un guide pédagogique pour l'enseignant, précisant le déroulement complet de la séance ;
- d'une fiche élève à photocopier présentant tous les éléments nécessaires à ce déroulement (texte et/ou illustration).

Le guide pédagogique

Présenté au début de chaque séance, il propose, pour chacun des poèmes :
- une introduction destinée à sensibiliser les élèves au sujet que l'on va aborder par l'intermédiaire du poème ;
- une découverte du poème, le plus souvent progressive, qui permet d'analyser et de comprendre le texte à l'aide d'une lecture, d'une écoute ou d'une mise en scène. Elle s'accompagne d'une exploration du texte au cours de laquelle les élèves commentent, analysent et s'expriment ;
- des consignes de lecture expressive qui orientent les élèves vers les différentes interprétations du texte ;
- des consignes liées à la production d'écrits, qui guident les élèves lors de l'écriture de strophes supplémentaires ou de poèmes « à la manière de » ;
- des consignes qui permettent d'utiliser les éléments d'illustration proposés dans la fiche élève, ou de créer sa propre mise en images.

Les fiches élève

La fiche élève propose, pour chacun des poèmes :
- le texte du poème, intégral, partiel ou fragmenté suivant les activités prévues ;
- les éléments nécessaires à la réalisation de l'illustration (collage, montage...).

Afin de réduire le nombre de photocopies nécessaires au travail d'une classe, de nombreuses fiches présentent le matériel indispensable à plusieurs élèves sur une même page. Un simple découpage permettra alors de donner à chacun les pièces dont il aura besoin.

contenu du fichier

Une activité dominante pour chaque poésie

Le déroulement pédagogique propose, pour chacun des poèmes, une activité d'expression orale, une activité de production d'écrits et une activité d'arts plastiques.
L'une de ces activités a été particulièrement développée en fonction des possibilités offertes par le poème. On trouvera donc :

– **dix poèmes à dominante « expression orale » :** l'accent est mis sur la lecture expressive du poème, sur sa mise en scène, sur un débat autour des idées qu'il développe ou sur des techniques de mémorisation permettant « d'apprendre » le poème ;

– **dix poèmes à dominante « production d'écrits » :** la structure du poème est analysée afin de permettre aux élèves de mieux comprendre son fonctionnement. La phase d'écriture collective rassure et encourage à se lancer dans une écriture plus personnelle. Une exploitation de ces écrits est à chaque fois suggérée ;

– **dix poèmes à dominante « arts plastiques » :** la recherche et la mise en place de l'illustration prédominent. Ces activités proposent des collages, des montages, des mises en page..., permettant de dépasser la simple représentation des personnages et des décors pour parvenir à la mise en image de l'idée.

La sélection des poèmes

Tous les poèmes proposés ont fait l'objet d'une sélection rigoureuse basée sur différents critères :
– l'idée développée dans le texte doit être accessible à des élèves de CE2/CM1. Il semble en effet inutile de proposer un texte dont l'enfant ne peut saisir l'implicite. Dans la plupart des cas, cette compréhension fine est assurée par l'exploration collective accompagnant systématiquement la découverte du texte ;
– les thèmes abordés doivent montrer la diversité de l'inspiration poétique : simple plaisir de jouer avec les mots, émotion suscitée par un paysage, question profonde sur le sens de la vie ou la raison d'être des choses, gaieté, tristesse...
– la sélection doit présenter différentes formes d'écriture poétique : du poème classique au poème écrit phonétiquement, en passant par le calligramme et l'acrostiche, le fichier propose un large éventail de textes qui permettent de découvrir ces différentes formes d'écriture ;
– des textes inédits en édition scolaire : si certains auteurs restent incontournables (Maurice Carême, Jacques Prévert...), il était indispensable de présenter des textes peu connus, afin d'introduire un peu de nouveauté au sein de la poésie « scolaire ».

Vous trouverez, à la fin du présent ouvrage :
– une biographie des principaux auteurs cités ;
– un index des auteurs et des poèmes proposés.

UTILISATION DU FICHIER

Niveau de classe

Les activités développées autour de chaque poème ont été conçues pour les élèves de CE2 comme pour ceux de CM1. La différenciation entre ces deux classes se fera essentiellement par :
– l'aide que l'enseignant apportera à ses élèves tout au long de la séance ;
– le niveau d'exigence concernant la maîtrise de la langue écrite et orale ou la qualité des travaux d'illustration.

Répartition des textes

Les 30 textes proposés sont classés dans un ordre croissant de difficulté globale, avec une alternance entre les différentes dominantes (expression orale, production d'écrits et arts plastiques). Si les premiers sont relativement faciles à comprendre, les derniers nécessitent une exploration collective plus approfondie.

Fréquence d'utilisation

En fonction du niveau de sa classe, l'enseignant pourra répartir sur une semaine (voire sur deux semaines) les activités proposées autour d'un même texte.

Par exemple :
– séance 1 : découverte du poème ;
– séance 2 : lecture expressive ;
– séance 3 : production d'écrits ;
– séance 4 : arts plastiques.

Le cahier de poésie

Le format des textes et des illustrations a été choisi de façon à permettre l'utilisation d'un cahier de poésie de dimension classique.
Le poème et les illustrations qui l'accompagnent trouveront leur place sur une double page de ce cahier.

Apprendre par cœur et réciter ?

Apprendre et réciter un texte par cœur a certes des vertus (au niveau de la mémoire surtout), mais cette activité n'est guère compatible avec le sentiment poétique.

Le fichier propose, pour certains textes, une démarche menant à la connaissance parfaite du poème. Cela se fait toujours d'une manière ludique, à laquelle s'ajoute une compréhension approfondie du texte. L'élève ne récite pas le poème : il le joue, ce que ne renierait probablement pas son auteur.

Copier les poèmes ?

Le fichier donne le texte des poèmes, qu'il ne sera donc pas nécessaire de recopier sur le cahier. L'activité d'écriture (dans le sens copie, calligraphie...) n'a cependant pas été négligée, car tout enseignant sait qu'elle est indispensable en CE2/CM1.

– Les poèmes à dominante « production d'écrits » guident régulièrement les élèves dans la composition collective d'une strophe ou d'un poème « à la manière de ». Ce texte, écrit au tableau, pourra bien sûr être recopié dans le cahier de poésie.

Il en est de même des textes personnels que les élèves seront encouragés à écrire après la phase collective présentée ci-dessus. N'est-il pas plus motivant de calligraphier son propre texte plutôt que celui d'un autre ?

– Les poèmes à dominante « arts plastiques » proposent généralement des activités de découpage, de collage et de calligraphie, qui permettront aux élèves de progresser tant au niveau du soin qu'à celui de la précision.

Locataires

J'ai dans mon cartable
(C'est épouvantable !)
Un alligator
Qui s'appelle Hector

J'ai dans ma valise
(Ça me terrorise !)
Un éléphant blanc
Du nom de Roland

J'ai dans mon armoire
(Mon Dieu, quelle histoire !)
Un diplodocus
Nommé Spartacus

Mais pour moi le pire,
C'est sous mon chapeau
D'avoir un vampire
Logé dans ma peau.

Jean-Luc Moreau
in *Poèmes de la souris verte*
Le livre de poche Jeunesse

Dominante :

Arts plastiques.

Objectifs :

- Préciser la structure d'un poème.
- Écrire une strophe supplémentaire respectant cette structure.
- Réaliser des montages d'illustration, créer sa propre mise en page.

Déroulement de la séance

Avant la séance, photocopier puis découper la fiche élève correspondante.
Deux documents séparés pour chaque enfant :
– le texte ;
– les illustrations.

1. Introduction du poème : Quels différents genres de locataires connaissons-nous ?
2. Découverte et analyse du poème.
3. Lecture des noms de l'auteur, de l'ouvrage, de l'éditeur.
4. Écriture d'une strophe « à la manière de ».
5. Travail d'illustration : Comment évoquer l'idée directrice du poème ?
6. Lecture expressive.

Séquence 1 Locataires

Introduction du poème

Écrire le mot « locataire » au tableau et demander aux élèves d'en préciser le sens. Les orienter ensuite sur la notion de « locataires indésirables » (ex. : les poux dans les cheveux, des souris dans la maison…).
Les élèves poursuivent oralement la liste.

Découverte et analyse du poème

1 Lecture du texte

Distribuer le poème et laisser les élèves le découvrir silencieusement. Expliquer les mots qui pourraient ne pas être compris, puis lire le texte à haute voix.

2 Compréhension du texte

– « De quoi parle ce poème ? »
– « Décrit-il une situation réelle ? Pourquoi ? »
– « Quel est le sens de la dernière strophe ? »
Alors que les premières strophes sont clairement humoristiques, la dernière est plus grave.

Les élèves y seront-ils sensibles ? Suivant le niveau de la classe, on pourra suggérer la frayeur bien réelle du poète qui se sent parfois « possédé » par d'étranges créatures…
– « Que pensez-vous de ce poème ? »

3 Construction du poème

Aider les élèves à repérer les caractéristiques « techniques » de ce poème :
– « Combien y a-t-il de strophes dans ce poème ? »
– « Combien y a-t-il de lignes par strophe ? »

Préciser qu'en poésie, une ligne s'appelle « un vers » (mot à écrire au tableau).
– « Combien y a-t-il de syllabes par vers ? »
Il y a cinq syllabes par vers.

Demander aux élèves de compter le nombre de syllabes de chaque vers et d'indiquer ce nombre en marge du poème. Faire ensuite une lecture à haute voix rythmée, de façon à compter le nombre de syllabes « sur les doigts ». Préciser qu'en poésie, on ne dit pas une « syllabe » mais un « pied » (mot à écrire au tableau). Faire remarquer que, dans certains cas, deux syllabes peuvent être associées pour n'en faire qu'une, afin de respecter le nombre de pieds (donc le rythme) du poème.

Par exemple : « Qui s'appelle Hector » se dit « Qui s'appel Hector », pour avoir un vers de cinq pieds.

– « Observez la fin de chaque vers. Que remarquez-vous ? »
Quand deux vers se terminent par le même son, on dit qu'ils riment.
– « Avez-vous repéré les rimes du poème ? », « Quelles sont-elles ? », « Comment sont-elles ordonnées ? »

Lecture des noms de l'auteur, de l'ouvrage et de l'éditeur

Identifier :

– le nom de l'auteur ;

– le nom de l'ouvrage d'où le poème a été extrait ;

« Quels autres titres de poèmes peut-on imaginer pour ce recueil ? »

– le nom de l'éditeur : on pourra indiquer (si cela n'a pas été fait précédemment) que l'éditeur est celui qui s'occupe de fabriquer et de vendre le livre.

Le poème est ensuite découpé et collé sur la page de droite du cahier de poésie.

Écriture d'une strophe « à la manière de »

Suivant le niveau de la classe, on pourra se lancer dans l'écriture d'une ou de plusieurs strophes en privilégiant le travail collectif ou le travail individuel.

1 Phase collective

Proposer d'ajouter une strophe au poème de Jean-Luc Moreau. Copier l'une des strophes au tableau de façon à avoir un exemple visible de tous.

« Comment va-t-on s'y prendre ? »

• Écriture d'une strophe sur le « monstre »

– La classe choisit d'abord le « monstre » qui va être mis en scène. (Cet exemple est retenu car, bien souvent, c'est ce que les enfants choisissent en premier !)

– *La description du « monstre » une fois terminée, il convient de lui donner un nom se terminant par le même son que le mot qui le désigne. Si cette rime n'est pas facile à trouver, on peut ruser :*

- on invente un nom pour cette occasion ;

Par exemple : Une belle méduse / Qui s'appelle Bubuze

- on fait suivre le nom commun de l'animal par un adjectif qui ouvre une nouvelle recherche pour la rime.

Par exemple : Une méduse verte / Qui s'appelle Alberte

Si aucune rime n'est trouvée, on change d'animal.

Les deux vers sont notés au tableau, en face de la strophe du poème :

J'ai dans mon cartable
(C'est épouvantable)
Un alligator .... *Une belle méduse*
Qui s'appelle Hector .... *Qui s'appelle Bubuze*

Puis, compter le nombre de pieds. S'il ne correspond pas à l'exemple (cinq pieds), changer un ou deux mots afin d'obtenir le nombre voulu.

• Écriture des vers précisant le lieu

– Il faut maintenant choisir l'endroit dans lequel se trouve l'animal. On peut proposer, dans un premier temps, l'une des pièces de la maison (ex. : le grenier, la cuisine, le salon, la chambre, la cave).

– Faire remarquer que, dans *Locataires*, le deuxième vers indique ou précise une réaction du propriétaire. Chercher donc une « réaction » offrant une rime avec le lieu choisi.

Par exemple : *J'ai dans mon grenier*
(Ça me fait crier !)
J'ai dans ma chambre
(Depuis décembre !)
J'ai dans ma cuisine
(Ça me chagrine !)
J'ai dans ma cave
(Ce n'est pas si grave !)
J'ai dans mon salon
(J'en suis furibond !)

Ces deux nouveaux vers sont copiés au tableau, afin de compléter la strophe en cours d'écriture.

• Lecture de la nouvelle strophe

La nouvelle strophe est écrite au tableau et lue à haute voix.

« Est-elle satisfaisante ? », « Peut-on l'améliorer ? », « Comment ? »

2 Phase écrite individuelle

Proposer à chaque élève (ou groupe d'élèves) d'écrire une strophe supplémentaire. Si les vers qui concernent le « monstre » ne sont pas très difficiles à composer, il n'en est pas de même des vers qui précisent le « lieu », surtout au niveau de la rime. L'aide de l'enseignant sera sans doute nécessaire.

3 Mise en commun

Les strophes réalisées sont lues par les élèves à haute voix au reste de la classe. Chacun recopie ensuite la strophe dont il est l'auteur (ou le coauteur) sur la page de gauche de son cahier de poésie.

Travail d'illustration

Distribuer la partie « illustration » de la fiche élève. Celle-ci propose cinq dessins qui vont être utilisés dans un montage permettant d'illustrer le poème.

1 Phase orale collective

Les dessins sont découpés.

– « Que représentent- ils ? »

– « Quel rapport ont-ils avec le poème ? »

Les élèves remarquent que les dessins reprennent quelques-uns des personnages du poème.

– « Comment les mettre en scène pour retrouver l'idée de *Locataires* ? »

Laisser les élèves s'exprimer sur les différentes façons d'utiliser ces éléments. Préciser que l'objectif est bien d'illustrer l'idée de *Locataires* et non de simplement coller les personnages du poème sur une feuille.

La réponse viendra peut-être de l'observation du cartable. Si on le referme, l'alligator disparaît. Si on l'ouvre, il réapparaît. Cela correspond tout à fait à l'idée du poème.

De même pour la valise, qui doit être découpée puis pliée, l'éléphant étant placé à l'intérieur.

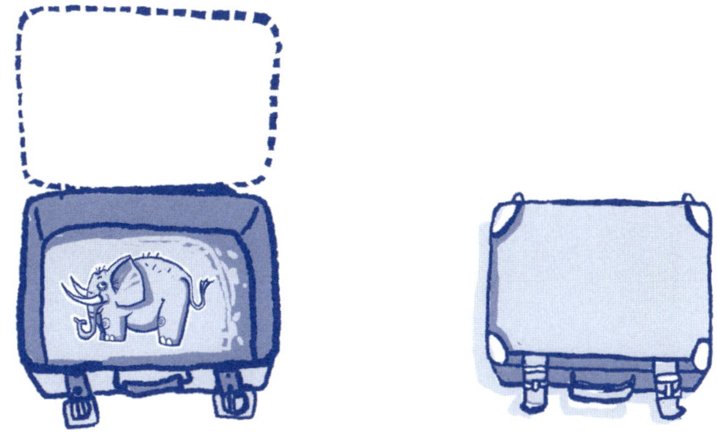

– « Comment utiliser l'armoire et le diplodocus ? »
Si les élèves n'y ont pas pensé, montrer comment ouvrir les portes de l'armoire et placer le diplodocus à l'intérieur :

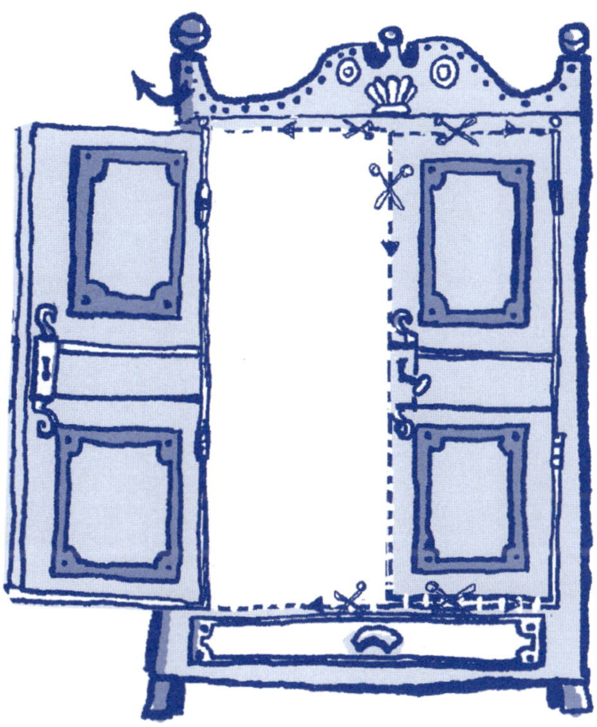

2 Phase individuelle
Sous la surveillance attentive de l'enseignant, les élèves font les montages demandés (en coloriant également certains dessins, comme le couvercle de la valise par exemple) et les collent dans le cahier. Chacun cherche ensuite une illustration correspondant à la strophe supplémentaire qu'il a copiée sur son cahier.

Lecture expressive

Une fois le poème compris et mémorisé, les élèves pourront en faire une lecture expressive. On pourra, par exemple, s'amuser à créer des ruptures de ton entre les vers entre parenthèses (qui seront dits d'une voix affolée) et le reste du texte (qui sera dit d'une voix fort calme). La dernière strophe sera l'occasion de s'essayer à la production de voix inquiétantes.

Locataires

J'ai dans mon cartable
(C'est épouvantable !)
Un alligator
Qui s'appelle Hector

J'ai dans ma valise
(Ça me terrorise !)
Un éléphant blanc
Du nom de Roland

J'ai dans mon armoire
(Mon Dieu, quelle histoire !)
Un diplodocus
Nommé Spartacus

Mais pour moi le pire,
C'est sous mon chapeau
D'avoir un vampire
Logé dans ma peau.

Jean-Luc Moreau
in *Poèmes de la souris verte*
Le livre de poche Jeunesse
© Hachette Livre

Conseils donnés par une sorcière

À voix basse, avec un air épouvanté, à l'oreille du lecteur.

Retenez-vous de rire
dans le petit matin !

N'écoutez pas les arbres
qui gardent les chemins !

Ne dites votre nom
à la terre endormie
qu'après minuit sonné !

À la neige, à la pluie
ne tendez pas la main !

N'ouvrez votre fenêtre
qu'aux petites planètes
que vous connaissez bien !

Confidence pour confidence :
vous qui venez me consulter,
méfiance, méfiance !
On ne sait pas ce qui peut arriver.

Jean Tardieu
in « Monsieur Monsieur »
Le Fleuve caché

Dominante :

Expression orale.

Objectifs :

- Mettre en scène le poème.
- Écrire quelques conseils personnels.

Déroulement de la séance

Avant la séance, photocopier puis découper la fiche élève correspondante.
Trois documents séparés pour chaque enfant :
– le texte du poème ;
– la fiche « conseil n° ………… » qui sera utilisée lors de la mise en scène ;
– l'étui avec la sorcière qui servira à ranger les conseils personnels.

1. Introduction du poème : Qui a écrit ces conseils ?
2. Découverte du poème.
3. Mise en scène du poème.
4. Écriture de quelques conseils personnels et utilisation de l'étui.

Introduction du poème

Écrire au tableau deux des conseils de la sorcière, sans préciser qui les a donnés :

« N'écoutez pas les arbres
qui gardent les chemins ! »
« Ne dites votre nom
à la terre endormie
qu'après minuit sonné ! »

Demander à un élève de les lire à haute voix.

– « De quoi s'agit-il ? »
– « Qu'est-ce qu'il ne faut pas faire ? », « Pourquoi ? »

Les élèves risquent de ne pas savoir répondre à ces questions (et on les comprend…). Préciser donc qu'il s'agit de conseils donnés par un personnage un peu particulier.

« De quel personnage s'agit-il ? »

Les élèves font des propositions, que la classe commente. Remarquer que l'histoire se situe plutôt à la campagne (*« arbres »*, *« chemins »*…) et la nuit (*« endormie »*, *« minuit »*…).

« Qui est donc ce personnage qui évolue plutôt la nuit et qui donne de si curieux conseils ? »

Les élèves risquent alors d'être plus perspicaces : « Une sorcière ! »
S'ils ne trouvent pas, leur distribuer le texte du poème (sans donner la réponse).

Découverte du poème

Demander aux élèves de lire silencieusement le poème, puis le lire à haute voix.
Poser ensuite quelques questions destinées à éclaircir cette lecture :

– « Qui donne ces conseils ? » (Dans le cas où les élèves n'auraient pas trouvé la réponse dans l'étape précédente.)
– « Que risque-t-on si on ne suit pas ces conseils ? »

Encourager les élèves à solliciter leur imagination, afin de donner des réponses qui seront toutes acceptées, même (et surtout) les plus farfelues.

– « Combien y a-t-il de conseils ? »
Il y a cinq conseils.
– « Par quoi se termine le poème ? »
– « Qu'est-ce que cela veut dire ? »
Qu'il est sans doute inutile de faire confiance à une sorcière.

Le poème est relu par quelques élèves qui font des essais d'interprétation commentés par la classe.

Terminer par la lecture du nom de l'auteur. On pourra proposer quelques informations complémentaires (voir biographie page 158).

Mise en scène du poème

à préparer

5 groupes

1. Proposer à la classe de « jouer » ce poème en suivant la démarche suivante.

   – Chaque élève numérote les conseils directement dans le poème (de 1 à 5).
   – Distribuer la fiche « conseil n° .... ».
   – Séparer la classe en groupes de cinq et attribuer un numéro de conseil à chaque élève. Par exemple, celui qui aura le numéro 4 devra recopier le quatrième conseil sur les lignes « à dire » de la fiche.
   – L'élève recherche ensuite des idées de mise en scène pour son conseil (comment le dire, que faire, etc.).
   – Lorsque chaque élève a complété sa fiche, faire venir au tableau un premier groupe de cinq (un enfant par conseil).
   – Les enfants lisent leur conseil à tour de rôle, en s'aidant de leur fiche et en suivant l'ordre du poème. Ils s'adressent directement à la classe et rendent leur lecture aussi expressive que possible.
   – La conclusion est lue d'une même voix, par les cinq enfants.

2. La classe commente la prestation de ce premier groupe.
   « Que peut-on améliorer ? », « Comment ? »

3. On pourra ensuite procéder à l'audition d'un second groupe, ou la reporter au lendemain afin que chaque comédien puisse s'entraîner à lire/dire correctement son texte.

4. Suggestions de mise en scène pour chaque conseil :

« Retenez-vous de rire
Dans le petit matin ! »

Un élève s'adresse à la classe, visage sévère, sourcils froncés, ton grave, index de la main droite levé pour marquer l'autorité.

« N'écoutez pas les arbres
qui gardent les chemins ! »

Un autre élève chuchote, marque une pause entre les deux vers, ton mystérieux, il montre « les arbres » d'un large geste de la main.

« Ne dites votre nom
à la terre endormie
qu'après minuit sonné ! »

Un autre élève enchaîne, d'une voix forte et avec un ton autoritaire pour les deux premiers vers, qui sont dits sans marquer de pause. Marquer une pause avant de dire le troisième (pour renforcer le « mystère » de ce qui va suivre). Le dernier vers sera dit à voix presque basse (mais avec un ton toujours autoritaire) afin de ne pas réveiller la terre endormie, yeux écarquillés et geste de la main pour montrer la pendule de la classe.

« À la neige, à la pluie
ne tendez pas la main ! »

Les élèves adressent des regards effrayés, allant du ciel à la classe et de la classe au ciel.

« N'ouvrez votre fenêtre
qu'aux petites planètes
que vous connaissez bien ! »

Un élève pointe le doigt vers la fenêtre pour le premier vers, puis tourne la paume vers la classe en signe d'avertissement. Les deux derniers vers dits sur le ton de la confidence.

« Confidence pour confidence
vous qui venez me consulter
méfiance, méfiance !
On ne sait pas ce qui peut arriver. »

Le groupe est compact, seules les têtes sont mobiles (comme s'il s'agissait d'un corps à plusieurs têtes). Chaque comédien fait glisser un regard menaçant sur la classe. Les voix peuvent être aigues (comme le serait celle d'une sorcière), le ton est faussement amical.

Écriture de quelques conseils personnels et utilisation de l'étui

1 Écriture collective

Proposer aux élèves d'écrire quelques « conseils de sorcière ». La classe fait des propositions qui seront notées au tableau.
Rechercher l'humour, l'originalité, mais éviter la vulgarité. Il est essentiel que les enfants s'amusent en imaginant des conseils farfelus, aussi, accepter toutes les propositions, à condition qu'elles soient correctes et que la classe les trouve drôles.

2 Mise en place de l'étui

Distribuer les fiches « étui » et indiquer le mode d'emploi (découper, encoller les bords et coller dans le cahier de poésie, en page de gauche). Expliquer que cet étui va servir à ranger les conseils que l'on vient d'écrire.

3 Écriture des conseils

Distribuer une feuille volante à chaque élève, qui devra être découpée en bandes horizontales de 5 cm de hauteur. Chacune de ces bandes servira à écrire un conseil.
Suivant le niveau de la classe, les élèves pourront choisir et recopier les conseils rédigés collectivement, ou écrire leurs propres textes. Les bandes seront ensuite illustrées puis rangées verticalement dans l'étui.

4 Lecture des conseils personnels

Les élèves s'amuseront sans doute à lire entre eux les conseils de leur composition.
On pourra proposer une séance de lecture collective où chaque élève viendra lire (ou jouer) un ou plusieurs conseils dont il est l'auteur.

Suivant le succès remporté, pourquoi ne pas imaginer une mise en scène de ces conseils comparable à celle proposée pour le poème ?

Conseils donnés par une sorcière

À voix basse, avec un air épouvanté, à l'oreille du lecteur.

Retenez-vous de rire
dans le petit matin !

N'écoutez pas les arbres
qui gardent les chemins !

Ne dites votre nom
à la terre endormie
qu'après minuit sonné !

À la neige, à la pluie
ne tendez pas la main !

N'ouvrez votre fenêtre
qu'aux petites planètes
que vous connaissez bien !

Confidence pour confidence :
vous qui venez me consulter,
méfiance, méfiance !
On ne sait pas ce qui peut arriver.

Jean Tardieu
in « Monsieur Monsieur »
Le Fleuve caché

Conseil n° ....

À dire :

....

....

À faire :

....

....

Confidence pour confidence : / vous qui venez me consulter, / méfiance, méfiance !

Conseils donnés par une sorcière

Fiche élève 2

Séquence 3 La vache : description

Guide pédagogique 3

La Vache : description

La
Vache
Est
Un

Animal
Qui
A
Environ

Quatre
Pattes
Qui

Descendent
Jusqu'
À terre.

Jacques Roubaud
in *Les Animaux de tout le monde*

Dominante :

Production d'écrits.

Objectifs :

- Réaliser un montage poème/ illustration.
- Créer un poème collectif ou personnel « à la manière de ».

Déroulement de la séance

Avant la séance, photocopier puis découper la fiche élève correspondante.
Un seul document pour chaque enfant : le texte et le dessin de la vache.

1. Introduction du poème : Comment décrire une vache ?
2. Découverte et analyse du poème.
3. Lecture des noms de l'auteur, de l'ouvrage et de l'éditeur.
4. Travail sur l'illustration (réalisation du montage).
5. Réalisation d'un poème collectif ou personnel « à la manière de ».

Introduction du poème

Informer les élèves qu'il va leur être distribué un poème intitulé *La Vache : description.* Écrire ce titre au tableau et demander aux élèves de deviner ce que va raconter le poème.
Les élèves font des propositions que l'enseignant ne commente pas.

Indiquer ensuite que le poème ne contient qu'une seule phrase.

« Qui peut, dans la classe, décrire une vache en ne faisant qu'une seule phrase ? »

Les enfants font des essais plus ou moins heureux. La seule contrainte est de se limiter à une seule phrase.

Découverte et analyse du poème

Distribuer le poème. Laisser les élèves découvrir le texte, puis le lire à haute voix.

1 Le sens

Poser quelques questions destinées à vérifier la compréhension du texte :

– « Ce poème parle-t-il bien de la vache ? »

– « Que remarquez-vous de bizarre ? »

Les élèves remarquent que cette description ne correspond pas à ce qu'ils attendaient. Leur demander de relever les informations qu'ils trouvent curieuses, et de justifier leurs choix.

Par exemple : « environ quatre pattes », « qui descendent jusqu'à terre ».

2 La disposition

Demander aux élèves d'observer la disposition du poème.

– « Ressemble-t-il aux poèmes étudiés précédemment ? », « Y a-t-il des rimes ? », « Peut-on compter le nombre de pieds de chaque vers ? », « Pourquoi ? »

– « En combien de parties le poème est-il divisé ? »

On introduira le terme « strophe » (mot à écrire au tableau).

– « Par quoi commence chaque ligne ? »
Chaque ligne commence par une majuscule.

– « Pourquoi le poète a-t-il adopté cette disposition ? »
Peut-être pour montrer que la vache va de haut en bas.

Lecture des noms de l'auteur, de l'ouvrage et de l'éditeur

Demander à un élève de lire les petites lignes placées sous le poème.

« À quoi servent-elles ? »

Après l'identification de ces noms (cf. séquence 1), le poème est découpé en suivant les pointillés et les encadrés (mais surtout pas collé).

Travail sur l'illustration

1 Phase orale collective

Demander aux élèves d'observer et de commenter l'illustration : le dessin d'une vache.

« Est-elle sympathique ? », « Pourquoi ? »

Expliquer ensuite la façon d'utiliser cette illustration en réalisant le montage devant les élèves.

– L'enseignant découpe le poème.
– Il découpe la vache.
– Il plie le poème en suivant les lignes en pointillés. Il obtient ainsi un « accordéon » composé de 6 parties (1 tramée, 4 de texte, 1 tramée).
– Il colle la partie tramée supérieure derrière la vache.
– Il colle la partie tramée inférieure sur une feuille de cahier.

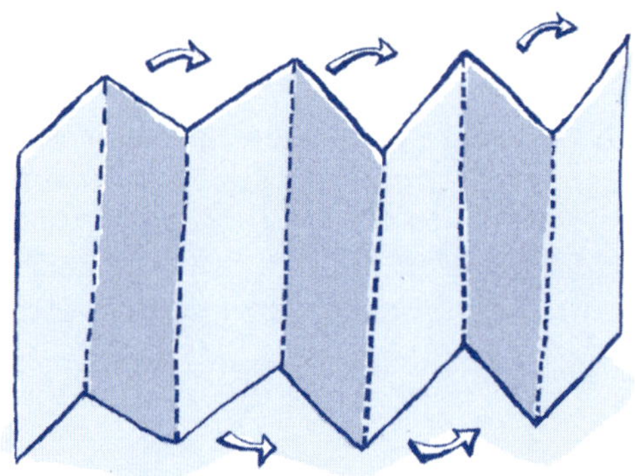

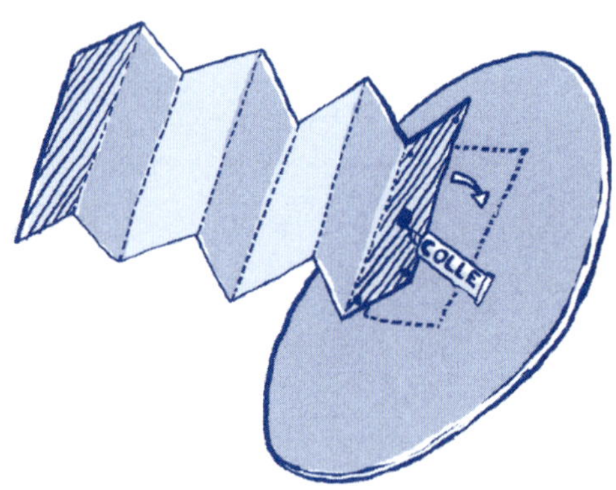

Résultat : lorsque l'accordéon est replié, on ne voit que la vache. Il faut soulever cette dernière pour que le poème se déplie.

2 Phase individuelle

Demander maintenant aux élèves de réaliser un montage identique. Préciser une nouvelle fois les différentes étapes et vérifier que les élèves suivent bien la démarche indiquée.

Les montages ainsi réalisés seront collés sur la page de droite du cahier de poésie.

Réalisation d'un poème collectif ou personnel « à la manière de »

1 Phase orale collective

Proposer aux élèves d'écrire un poème à la manière de Jacques Roubaud.

- Commencer par choisir un animal dont le nom est copié au tableau.
- Écrire ensuite une phrase « décrivant » l'animal choisi. Bien préciser qu'il ne s'agit pas d'une description réaliste ou scientifique, mais d'une description poétique. La classe peut s'inspirer du poème (ex. : un gros corps entre la queue et le bout du nez…) ou s'en éloigner en trouvant une formulation originale.
- Une fois la phrase écrite, la comparer à celle du poème de Jacques Roubaud.
  « Combien a-t-elle de mots ? »

On la « travaille » de façon à pouvoir la couper en quatre strophes de trois ou quatre mots chacune.

- La phrase finale est copiée au tableau, avec retour à la ligne et majuscule pour chaque mot.
  « Le résultat est-il satisfaisant ? », « Peut-on l'améliorer ? », « Comment ? »

2 Phase écrite individuelle

En fonction de leur niveau, les élèves recopient le poème collectif ou créent leur propre texte (à partir du même animal ou avec un autre). Ils dessinent également l'animal choisi, de façon à réaliser leur propre montage, qui sera ensuite collé sur la page de gauche du cahier de poésie.

3 Exposition

Les élèves les plus inspirés pourront reproduire leur texte sur du papier plus solide, afin d'exposer leur réalisation dans la classe ou dans l'école.
On peut également imaginer la création d'un petit recueil reprenant les réalisations de la classe.

La Vache : description

La Vache : description

La
Vache
Est
Un

Animal
Qui
A
Environ

Quatre
Pattes
Qui

Descendent
Jusqu'
À terre.

Jacques Roubaud
in *Les Animaux de tout le monde*
© Seghers

La Vache : description

La
Vache
Est
Un

Animal
Qui
A
Environ

Quatre
Pattes
Qui

Descendent
Jusqu'
À terre.

Jacques Roubaud
in *Les Animaux de tout le monde*
© Seghers

La Nouvelle Année

Nouvelle année, qu'as-tu dans ta besace ?
Douze garçons, tous forts et courageux.

Douze garçons pour vous servir Madame,
Douze garçons pour vous servir Monsieur.

Les trois premiers sont souvent en colère.
Les trois suivants savent rire et chanter.

Les trois suivants remplissent vos corbeilles,
Monsieur, Madame et même vos greniers.

Les trois derniers, tout ce qu'ils ont à faire,
Tout en pleurant, ils enterrent leur mère.

Ne pleurez plus, holà ! mes douze mois,
Morte l'Année, l'Année vit, me voilà !

Louisa Paulin
in *Rythmes et Cadences*
Revue du Tarn

Dominante :

Arts plastiques.

Objectifs :

- Retrouver la chronologie d'un poème.
- Rechercher des couleurs et un décor significatifs.

Déroulement de la séance

Avant la séance, photocopier puis découper la fiche élève correspondante.
Trois documents séparés pour chaque enfant :
– le poème (qui sera découpé et remis en ordre) ;
– l'étui (qui sera collé et dans lequel chaque élève rangera ses bandes découpées) ;
– la fresque (qui sera illustrée et mise en couleur).

1. Introduction du poème : Que peut-on dire sur les mois et les saisons ?
2. Découverte et remise en ordre des strophes du poème.
3. Rangement des bandes découpées.
4. Travail de recherche sur l'illustration.

Introduction du poème

Préciser que le thème du poème sera « La nouvelle année ».

– « De quoi ce poème peut-il parler ? »

La classe évoque les mois, les saisons… Reprendre le mot « saison » dès qu'il est prononcé.

– « Quelles sont les saisons ? »

Elles sont notées au tableau.

– « Quand commence et se termine chacune d'elles ? », « Que peut-on en dire ? »

Évoquer aussi bien les changements du paysage que les divers événements associés à chaque saison.

Distribuer le poème lorsque les élèves semblent n'avoir plus rien à dire.

Découverte et remise en ordre des strophes du poème

Les élèves prennent connaissance du poème (dont les strophes sont en désordre). Recueillir leurs impressions :

– « Que pensez-vous de ce poème ? »

– « Qu'avez-vous remarqué ? »

Il est probable que plusieurs élèves auront remarqué que les strophes ne suivent pas une progression cohérente.

Leur demander de justifier cette impression.

Proposer ensuite aux élèves de découper les strophes afin de pouvoir les remettre plus aisément dans l'ordre.

1 Recherche individuelle

Chaque élève découpe ses strophes et cherche à les ordonner. Il ne doit pas les coller sur son cahier.

2 Mise en commun

La classe rétablit et justifie collectivement l'ordre des strophes. Chacune d'elles est lue à haute voix et expliquée. Le premier mot du premier vers est à chaque fois noté au tableau (afin d'offrir un guide à ceux qui se sentiraient perdus au milieu de leurs bandes découpées).

– « Quel morceau doit être placé en premier ? »

Le titre.

« Pourquoi ? »

– « Quelle est la première strophe ? »

« Nouvelle année… »

« Pourquoi ? »

Elle annonce une présentation des douze mois.

« Qu'est-ce qu'une besace ? »

Définition du dictionnaire : long sac ouvert en son milieu et dont les extrémités forment des poches.

– « Quelle est la deuxième strophe ? »

« Douze garçons… »

« Pourquoi ? »

Elle reprend et précise le deuxième vers de la strophe précédente.

« À qui s'adresse cette strophe ? »

Au lecteur.

– « Quelle est la troisième strophe ? »

« Les trois premiers… »

« Pourquoi ? »

Elle présente les premiers…

« Qui sont ces trois premiers ? »

Janvier, février, mars.

« Pourquoi dit-on qu'ils sont souvent en colère ? »

Vent, froid, nuits longues et obscures… peuvent évoquer la mauvaise humeur.

« À quelle saison correspondent-ils ? »

À l'hiver.

« Qui sont les trois suivants évoqués par le deuxième vers ? »

Avril, mai, juin.

« À quelle saison correspondent-ils ? »

Au printemps.

« Pourquoi dit-on qu'ils savent rire et chanter ? »

Le printemps évoque le réveil de la nature, le chant des oiseaux, le retour du soleil et de la chaleur…

– « Quelle est la quatrième strophe ? »

« Les trois suivants… »

« Qui sont ces trois suivants ? »

Juillet, août, septembre.

« À quelle saison correspondent-ils ? »

À l'été.

« De quoi remplissent-ils corbeilles et greniers ? »

Ils les remplissent de fruits.

– « Quelle est la cinquième strophe ? »

« Les trois derniers… »

« Qui sont les trois derniers ? »

Octobre, novembre, décembre.

« À quelle saison correspondent-ils ? »

À l'automne.

« Pourquoi ces mois pleurent-ils ? »

Il est fait allusion aux fréquentes pluies d'automne, à la chute des feuilles…

« Quelle est cette mère qu'ils enterrent ? »

L'année qui se termine.

– « Quelle est la dernière strophe ? »

« Ne pleurez plus… »

« Pourquoi ? »

C'est l'ouverture vers la nouvelle année.

– « Quel morceau doit-on mettre à la fin ? »
La signature de l'auteur.

En profiter pour identifier :
– le nom de l'auteur ;
– le nom de l'ouvrage duquel le poème a été extrait ;
– le nom de l'éditeur (on précisera l'emplacement du Tarn sur une carte de France).

Le poème reconstitué est lu à haute voix.

Rangement des bandes découpées

Distribuer la partie de la fiche élève permettant de réaliser l'étui dans lequel seront rangées les bandes.
– « À quoi va nous servir cette feuille ? »
– « Quelle partie devra être encollée ? », « Pourquoi ? »

Une fois l'objectif du collage bien compris, les élèves le mettent en place sur la page de droite de leur cahier de poésie.
Les bandes sont glissées à l'intérieur (verticalement).
Le titre du poème peut être écrit sur la face apparente de l'étui (puis décoré et mis en couleur).

Travail de recherche sur l'illustration

1 Phase orale collective

Distribuer l'illustration.
– « Que représente-t-elle ? »
Les douze mois de l'année.
– « Pourquoi les personnages sont-ils regroupés par trois ? »
Parce qu'ils représentent les saisons.

Chercher ensuite à associer une image et des couleurs à chacune de ces saisons. Les réponses seront bien sûr différentes selon qu'on habite à la ville ou à la campagne. On dégage cependant une image de paysage et les couleurs qui y sont associées. Ces indications sont notées au tableau.

Par exemple :

	Hiver	Printemps	Été	Automne
Le paysage	arbre nu, sol recouvert de neige, ciel dégagé, corbeaux…	arbre en fleur, herbe, ciel couvert, oiseaux différents…	arbre touffu, végétation dense, soleil…	feuilles tombantes dans les arbres et sur le sol, ciel pluvieux…
Les couleurs	blanc, gris, bleu…	vert, jaune, rose…	jaune, rouge, vert…	marron, jaune, orange…

Indiquer qu'il faut essayer de passer d'une saison à l'autre sans marquer de rupture brutale dans le choix des couleurs et du décor, mais au contraire en effectuant une transition harmonieuse.

2 **Phase individuelle écrite**

Chaque élève réalise sa mise en couleur individuellement, en suivant plus ou moins librement les notes prises au tableau.

3 **Mise en commun**

Les travaux réalisés peuvent être exposés temporairement dans la classe avant d'être collés sur la page de gauche du cahier de poésie.
Une reproduction « en grand » de l'illustration, associant tous les talents de la classe, peut être envisagée pour un affichage dans la classe ou dans l'école.

Suggestion de mise en scène (pour un spectacle de fin d'année par exemple)

Une fille entre sur scène. Elle personnifie la nouvelle année. Un garçon entre à son tour, se met face à elle et lui demande :
« Nouvelle année, qu'as-tu dans ta besace ? »

Réponse de la fille au garçon :
« Douze garçons, tous forts et courageux. »
Puis elle s'adresse au public :
« Douze garçons pour vous servir Madame, douze garçons pour vous servir Monsieur. »

La fille s'adresse au public :
« Les trois premiers sont souvent en colère. »
Puis elle montre les coulisses d'où sortent trois garçons habillés en « hiver » (manteau, cagoule, gants...). Les garçons font semblant de se chamailler puis ils se placent l'un derrière l'autre et s'immobilisent en fond de scène.

La fille annonce de la même façon les mois suivants. Ceux-ci sont représentés par des garçons vêtus en fonction de la saison à laquelle ils sont associés. Ils adoptent un comportement en accord avec ce que dit le poème.

La « Nouvelle Année » termine en déclamant le dernier vers au public, puis elle quitte la scène en entraînant les douze mois avec elle.

La Nouvelle Année

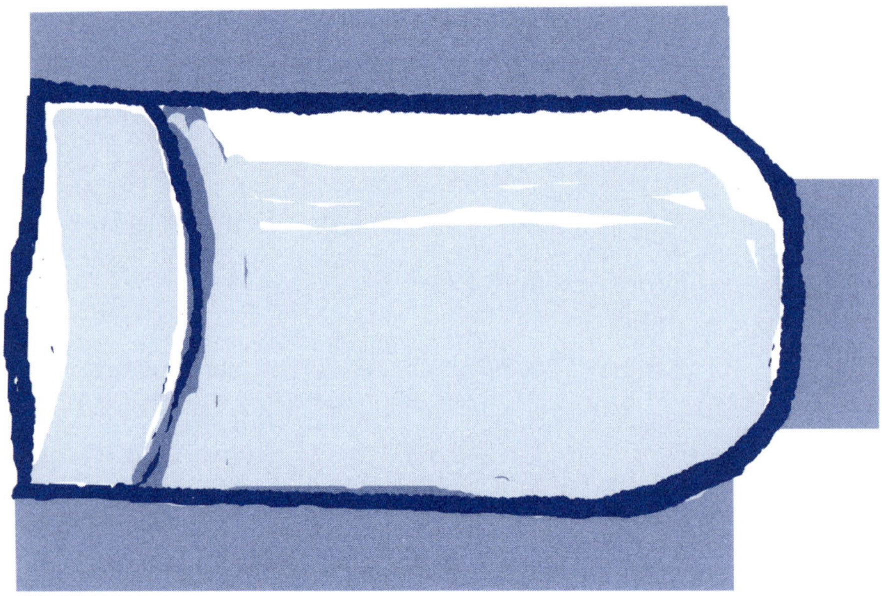

La Nouvelle Année

Les trois suivants remplissent vos corbeilles,
Monsieur, Madame et même vos greniers.

Nouvelle année, qu'as-tu dans ta besace ?
Douze garçons, tous forts et courageux.

Les trois derniers, tout ce qu'ils ont à faire,
Tout en pleurant, ils enterrent leur mère.

Les trois premiers sont souvent en colère.
Les trois suivants savent rire et chanter.

Douze garçons pour vous servir Madame,
Douze garçons pour vous servir Monsieur.

Ne pleurez plus, holà ! mes douze mois,
Morte l'Année, l'Année vit, me voilà !

Louisa Paulin
in *Rythmes et Cadences*
Revue du Tarn

J'voudrais

J'voudrais bien être un kangourou !
J'dirais : « Les mioches ?
C'est dans la poche...
J'en ai des blonds, des bruns, des roux ! »
J'voudrais bien être un kangourou !

J'voudrais bien être un éléphant,
Rien qu'pour avoir de beaux enfants,
De beaux enfants grands et costauds,
Qui pès'raient cinq ou six quintaux
(Comm'tous les p'tits éléphanteaux).

J'voudrais bien être un rossignol :
Les rossignols, c'est croquignol !
J'aurais des p'tits rossignolets :
C'est ça qui s'rait croquignolet !

J'voudrais bien être un ouistiti :
Les ouistitis, c'est si gentil !
La tête en bas, j'me suspendrais,
J'me suspendrais dans la forêt...

Oh oui! j'voudrais, j'voudrais, j'voudrais !

Jean-Luc Moreau
in *Poèmes de la souris verte*
Le livre de poche Jeunesse

Dominante :

Expression orale.

Objectifs :

- S'entraîner à la lecture expressive.
- Écrire une strophe supplémentaire.

Déroulement de la séance

Avant la séance, photocopier puis découper la fiche élève correspondante.
Un seul document pour chaque enfant : le texte du poème.

1. Introduction du poème : Que décrit le début de ce poème ?
2. Découverte du poème.
3. Lecture des noms de l'auteur, de l'ouvrage et de l'éditeur.
4. Lecture expressive.
5. Écriture d'une strophe supplémentaire.

Introduction du poème

Écrire le titre du poème au tableau : « J'voudrais ».

– « Que signifie ce titre ? »
– « Est-il écrit "correctement" ? », « Pourquoi l'auteur dit-il "J'voudrais" au lieu de "Je voudrais" ? »

Les élèves émettent différentes hypothèses :

L'auteur est pressé de nous dire ses souhaits. Il écrit comme on parle…

Découverte du poème

1. Distribuer le texte du poème. Demander aux élèves de le lire et d'écrire (dans le cahier de brouillon, par exemple) les mots qu'ils ne connaissent pas.

2. Expliquer (avec l'aide de la classe) chaque mot noté par les élèves.

3. Lire le texte à haute voix.

4. Indiquer que l'on va s'intéresser à la première strophe, qui est relue à haute voix par un élève.

   – « Que souhaite l'auteur ? »
   – « Pourquoi ? »
   – « Voyez-vous un autre "avantage" à être un kangourou ? »

   Demander aux élèves de formuler ces avantages en commençant par : « J'voudrais bien être un kangourou ! », mais sans forcément reprendre la structure du poème.

   Par exemple : « J'voudrais bien être un kangourou parce que je pourrais faire de grands sauts… »

   – « Comment bien lire cette strophe ? »

   Quelques élèves font des essais d'interprétation, que la classe commente.
   Les guider vers une interprétation théâtralisée de la strophe :
   « Quelles expressions peut-on prendre ? », « Quels gestes peut-on faire ? »

5. Explication et lecture expressive de la suite du poème

   Les trois strophes suivantes sont exploitées de la même façon :
   – lecture par un élève ;
   – explication du texte.

   Noter à cette occasion :
   – le mot « croquignol », qui n'existe pas et que l'auteur a sans doute créé pour la rime ;
   « Que peut-il signifier ? »
   – le mot « croquignolet », dont le dictionnaire donne la définition suivante : « Adj. familier. Se dit de ce qui est petit et mignon. » ;
   – le mot « rossignolet », qui n'existe pas.
   « Que désigne-t-il ? », « Pourquoi l'auteur l'a-t-il créé ? »

Ces remarques montreront que le poète peut prendre quelques libertés vis-à-vis de la langue. On pourra donc encourager les élèves (lors de la production d'écrits) à inventer quelques mots (mais dans des proportions raisonnables), afin de résoudre, par exemple, un problème de rime. Il faudra, bien sûr, que ces mots soient porteurs de sens :
– reformulation du souhait en fonction des désirs des élèves ;
– recherche d'interprétation.

Lecture des noms de l'auteur, de l'ouvrage et de l'éditeur

Après l'identification de ces noms (cf. séquence 1), le poème est découpé puis collé sur la page de droite du cahier de poésie.

Lecture expressive

Proposer aux élèves de mettre ce poème en scène afin de le présenter de la façon la plus vivante possible. Parmi toutes les propositions faites par les élèves, choisir celle qu'il conviendra de développer.

En voici une, qui a l'avantage de motiver quatre élèves pour chaque lecture, sans nécessiter une connaissance parfaite du texte.

1. Les élèves sont répartis par groupes de quatre.

2. Au sein de chaque groupe, chaque élève choisit (ou tire au sort…) la strophe qu'il va apprendre à bien « dire ».

3. L'élève recopie sa strophe sur une petite feuille cartonnée (genre bristol). Il recopie également la dernière ligne (conclusion) qui devra être « dite » d'une même voix par les quatre élèves. Cette feuille lui servira de support pour :
   – s'entraîner individuellement à bien « dire » son texte (mais aussi à l'apprendre, de façon presque inconsciente) ;
   – se rassurer lors de la « prestation » collective : la feuille pourra en effet servir d'aide-mémoire. Tenue dans le creux de la main ou collée derrière un accessoire décoratif (ex. : un dessin d'éléphant pour celui ayant à « dire » cette strophe), elle rassurera le lecteur hésitant, timide ou peu sûr de lui.

4. Après une période d'apprentissage à la lecture du texte, un premier groupe présente le poème à la classe. Chacune des strophes est lue par un élève. La conclusion est lue par les quatre élèves d'une même voix. La classe commente.

5. Un travail oral collectif devra probablement être mené, afin d'améliorer la mise en scène de la conclusion :
   – « Comment bien la "dire" ensemble ? », « Comment trouver le bon rythme ? »
   – « Quel geste faire, quelle expression avoir, quelle position prendre pour que cette conclusion soit bien collective ? »

6. Il est bien sûr souhaitable que ce travail soit ensuite exploité dans un cadre plus large que celui de la classe. Quelques groupes pourraient ainsi être chargés d'aller « dire » le texte dans d'autres classes, la maternelle n'étant évidemment pas exclue.

Écriture d'une strophe supplémentaire

Suivant le temps dont on dispose et le niveau de la classe, on pourra proposer l'écriture d'une strophe supplémentaire.
S'appuyer de préférence sur la troisième strophe (quatre vers de huit pieds rimant deux à deux).

❶ Copier cette strophe au tableau. Noter ensuite les réponses aux questions suivantes :

– « Combien y a-t-il de vers ? »

– « Combien y a-t-il de pieds par vers ? »

Les élèves lisent chaque vers à haute voix et comptent sur les doigts (huit pieds par vers). Noter la suppression de certaines syllabes (« j'voudrais », « pès'raient », « p'tits »...) qui permet de « jouer » avec le nombre de pieds tout en illustrant le ton familier voulu par l'auteur.

– « Quelles sont les rimes ? »

Les rimes sont mises en couleur sur le texte du tableau.
Noter également la majuscule au début de chaque vers et la présence d'une ponctuation.

❷ Quelques pistes sont exploitées collectivement au tableau (ex. : recherche de rime à partir d'un nom d'animal, écriture d'un vers pour montrer la manière d'obtenir le bon nombre de pieds...).

❸ En fonction du niveau de la classe, soit une strophe collective est composée au tableau, soit les élèves travaillent seuls et composent une strophe dans le cahier de brouillon.

❹ Une fois corrigés par l'enseignant, les textes produits sont exposés, lus, intégrés dans une lecture théâtralisée, puis recopiés dans le cahier de poésie.

J'voudrais

Fiche élève 5

J'voudrais

J'voudrais bien être un kangourou !
J'dirais : « Les mioches ?
C'est dans la poche...
J'en ai des blonds, des bruns, des roux ! »
J'voudrais bien être un kangourou !

J'voudrais bien être un éléphant,
Rien qu'pour avoir de beaux enfants,
De beaux enfants grands et costauds,
Qui pès'raient cinq ou six quintaux
(Comm'tous les p'tits éléphanteaux).

J'voudrais bien être un rossignol :
Les rossignols, c'est croquignol !
J'aurais des p'tits rossignolets :
C'est ça qui s'rait croquignolet !

J'voudrais bien être un ouistiti :
Les ouistitis, c'est si gentil !
La tête en bas, j'me suspendrais,
J'me suspendrais dans la forêt...

Oh oui! j'voudrais, j'voudrais, j'voudrais !

Jean-Luc Moreau
in *Poèmes de la souris verte*
Le livre de poche Jeunesse
© Hachette Livre

J'voudrais

J'voudrais bien être un kangourou !
J'dirais : « Les mioches ?
C'est dans la poche...
J'en ai des blonds, des bruns, des roux ! »
J'voudrais bien être un kangourou !

J'voudrais bien être un éléphant,
Rien qu'pour avoir de beaux enfants,
De beaux enfants grands et costauds,
Qui pès'raient cinq ou six quintaux
(Comm'tous les p'tits éléphanteaux).

J'voudrais bien être un rossignol :
Les rossignols, c'est croquignol !
J'aurais des p'tits rossignolets :
C'est ça qui s'rait croquignolet !

J'voudrais bien être un ouistiti :
Les ouistitis, c'est si gentil !
La tête en bas, j'me suspendrais,
J'me suspendrais dans la forêt...

Oh oui! j'voudrais, j'voudrais, j'voudrais !

Jean-Luc Moreau
in *Poèmes de la souris verte*
Le livre de poche Jeunesse
© Hachette Livre

Guide pédagogique 6

Il faut faire signe au machiniste

La dame attendait l'autobus
le monsieur attendait l'autobus
passe un chien noir qui boitait
la dame regarde le chien
le monsieur regarde le chien
et pendant ce temps-là l'autobus passa

Raymond Queneau
in *Courir les rues*

Dominante :

Production d'écrits.

Objectifs :

- Découvrir un texte par une mise en scène.
- Construire une illustration.
- Écrire un poème « à la manière de ».

Déroulement de la séance

Avant la séance, photocopier puis découper la fiche élève correspondante.
Un seul document pour chaque enfant : le texte du poème avec les illustrations.

1. Découverte progressive du poème.
2. Lecture expressive.
3. Lecture des noms de l'auteur, de l'ouvrage et de l'éditeur (voir biographie page 158).
4. Travail sur l'illustration (montage).
5. Écriture d'un poème « à la manière de ».

Découverte progressive du poème

❶ Informer les élèves qu'ils vont découvrir un poème intitulé *Il faut faire signe au machiniste*.
Écrire ce titre au tableau et demander aux élèves ce qu'il peut signifier (ce que les élèves ne savent probablement pas). Si personne ne donne une explication correcte, indiquer que le « machiniste » est le nom donné au conducteur d'un autobus. Si on veut monter dans le bus, il faut lui faire signe pour qu'il s'arrête…

❷ Écrire le premier vers au tableau : « *La dame attendait l'autobus* »
« Que "dit" ce vers ? »

Demander à une élève de venir au tableau pour jouer le rôle de la dame.
– « Que doit-elle faire ? »
Elle doit faire semblant d'attendre l'autobus.
– « Que doit-elle s'apprêter à faire ? » (Référence au titre : faire signe au machiniste pour que l'autobus s'arrête.)

❸ Écrire le deuxième vers au tableau : « Le monsieur attendait l'autobus »
De la même façon, faire venir un élève au tableau pour jouer le rôle de l'homme. Bien insister sur le fait que la dame et l'homme doivent tous deux faire signe au machiniste lorsque l'autobus passera.

Demander ensuite à un élève de jouer le rôle du machiniste. Celui-ci, faisant mine de tenir un volant, se tient assez éloigné des deux autres enfants. Il se dirige lentement vers eux. Les futurs passagers s'apprêtent à lui faire signe…

4 Écrire le troisième vers au tableau : « *passe un chien noir qui boitait* »
« Que se passe-t-il ? », « En quoi ce chien est-il particulier ? »

Un élève vient jouer le rôle du chien, qui passe lentement et en boitant derrière les deux comédiens.

5 Écrire ensuite les deux vers suivants : « *la dame regarde le chien*
le monsieur regarde le chien »
Les deux acteurs regardent le « chien » qui passe derrière eux. Leur demander de ne plus bouger.

6 Écrire alors le dernier vers du poème : « *et pendant ce temps-là l'autobus passa* »
Demander au « conducteur » de passer sans s'arrêter devant les deux comédiens qui regardent le « chien » et ne peuvent donc pas faire signe au machiniste…

7 Le poème est relu à haute voix devant la classe, puis il est joué avec les mêmes comédiens, sans l'aide de l'enseignant.

Quelques questions sont ensuite posées à la classe :
– « Que pensez-vous de cette histoire ? »
– « La trouvez-vous drôle ? », « Pourquoi ? »
Certains élèves ne la trouveront peut-être pas drôle du tout…
– « Pourquoi l'auteur a-t-il eu envie d'écrire ce poème ? »,
« À votre avis, quel était son objectif ? »

Guider la discussion de façon à quitter la simple anecdote pour s'orienter vers une vision plus large de l'événement : l'autobus va peut-être avoir un accident et ces deux personnes auront été sauvées par le chien… ou bien peut-être est-ce l'autobus suivant qui va avoir un accident, et c'est à cause de ce chien qu'elles vont mourir…
Il s'agit de permettre aux élèves de prendre conscience (même très superficiellement) qu'un fait sans importance peut parfois changer le cours d'une vie.

Lecture expressive du poème

Distribuer ensuite le poème et l'illustration.
Le texte est découpé puis collé sur la page de droite du cahier de poésie.
Il est plusieurs fois relu afin d'explorer les différentes interprétations possibles.

Par exemple :	*La dame attendait l'autobus*	
	Le monsieur attendait l'autobus	*(voix posée, calme…)*
	passe un chien noir qui boitait	*(ton mystérieux…)*
	la dame regarde le chien	*(lecture rapide, ton inquiet…)*
	le monsieur regarde le chien	
	et pendant ce temps-là l'autobus passa	*(ton amusé, voire moqueur…)*

Lecture des noms de l'auteur, de l'ouvrage et de l'éditeur

Lors de l'identification de ces noms (cf. séquence 1), en profiter pour présenter Raymond Queneau aux élèves (sélectionner, dans la biographie page 158, les informations qui sembleront adaptées à la classe).

Travail sur l'illustration

Les élèves découpent les quatre dessins (l'homme, la femme, l'autobus et le chien) et les posent sur la page de gauche du cahier.

« Comment les mettre en scène ? »

Avec l'aide de l'enseignant, les élèves mettent en place les trois plans permettant de donner de la profondeur à l'illustration :

– le chien au premier plan ;

« Pourquoi au premier plan ? »

Parce que, sans lui, ce poème n'existerait pas !

– l'homme et la femme au second plan, le corps tourné vers la route mais la tête tournée vers le chien ;
– l'autobus devant l'homme et la femme, qui ne le voient pas.

Montrer aux élèves qu'une légère superposition des personnages permet de bien représenter la scène.

Ensuite, les élèves collent et colorient.

Écriture d'un poème « à la manière de »

La classe propose des situations comparables à celle décrite dans le poème.

Par exemple :
– un chat et une chatte surveillent une souris. Passe un papillon…
– un frère et une sœur surveillent un gâteau qui cuit. Un copain passe sa tête à la fenêtre…
– un père et une mère surveillent leur bébé qui mange. Soudain, la télé s'allume…

En fonction du niveau des élèves, ils pourront s'amuser à écrire un ou plusieurs textes, seuls ou par petits groupes. Ces poèmes pourront faire l'objet d'une lecture à haute voix, d'une exposition en classe, d'un recueil de textes…

Il faut faire signe au machiniste

La dame attendait l'autobus
le monsieur attendait l'autobus
passe un chien noir qui boitait
la dame regarde le chien
le monsieur regarde le chien
et pendant ce temps-là l'autobus passa

Raymond Queneau
in *Courir les rues*
© Éditions Gallimard

Il faut faire signe au machiniste

La dame attendait l'autobus
le monsieur attendait l'autobus
passe un chien noir qui boitait
la dame regarde le chien
le monsieur regarde le chien
et pendant ce temps-là l'autobus passa

Raymond Queneau
in Courir les rues
© Éditions Gallimard

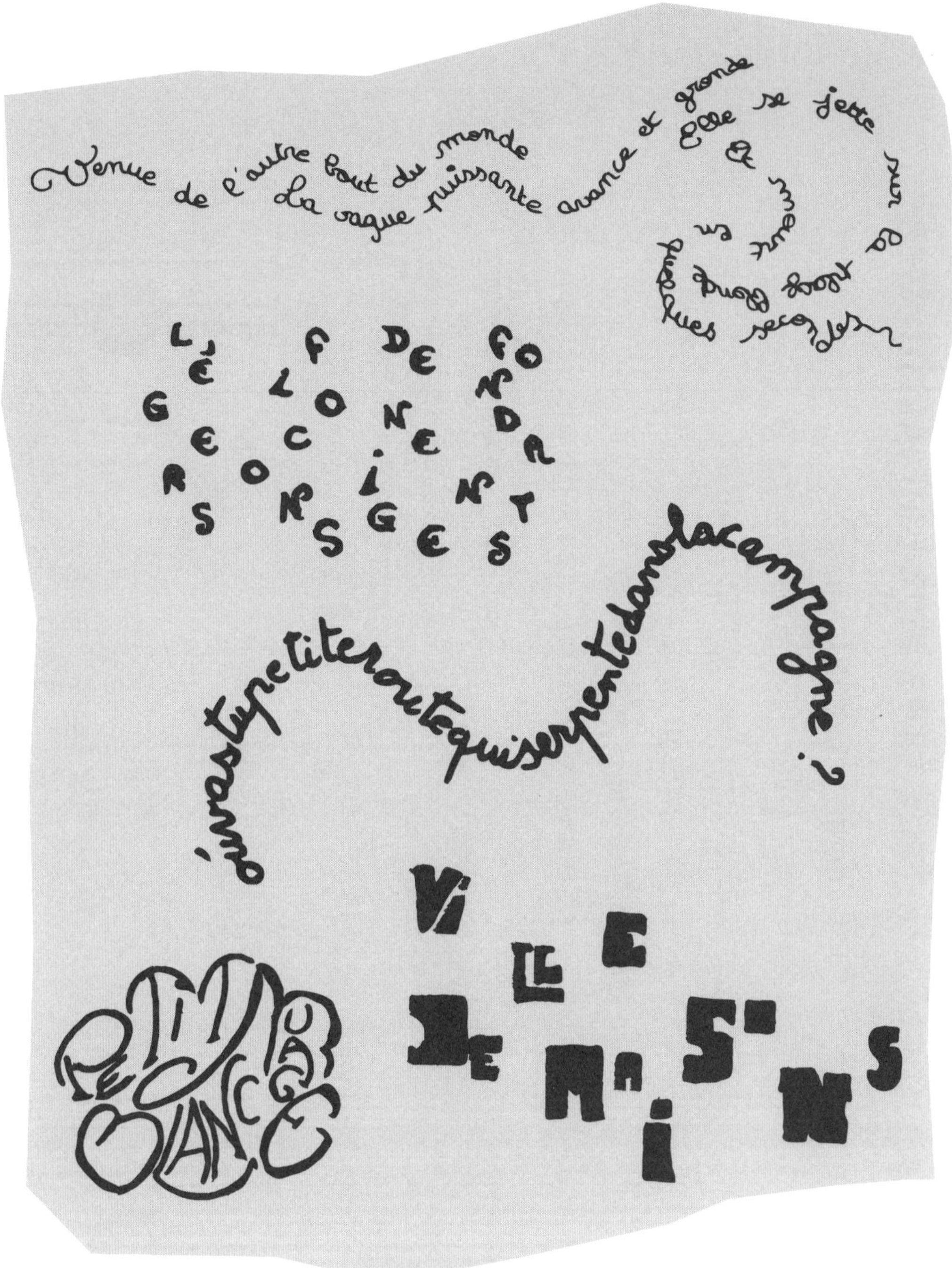

Dominante :

Arts plastiques.

Objectifs :

- Découvrir la technique des calligrammes.
- Réaliser un calligramme.

Déroulement de la séance

Avant la séance, photocopier puis découper la fiche élève correspondante.
Deux documents séparés pour chaque enfant :
– les calligrammes (partie gauche) ;
– la fiche de travail (partie droite).

1. Introduction du poème : Qu'est-ce qu'un calligramme ?
2. Découverte et analyse de quelques calligrammes (partie gauche de la fiche élève).
3. Réalisation collective puis individuelle d'un calligramme inédit (partie droite de la fiche élève).

Introduction du poème

Demander aux élèves s'ils connaissent les calligrammes. Écrire le mot au tableau. Les élèves essaient de donner du sens à ce mot. Certains tentent d'expliquer ce qu'est un calligramme. D'autres donnent libre cours à leur imagination, sans l'intervention de l'enseignant.
Lorsque les réponses semblent être épuisées, indiquer aux élèves qu'ils vont pouvoir observer quelques calligrammes. Distribuer uniquement la partie gauche de la fiche élève.

Découverte et analyse de quelques calligrammes

Laisser les élèves examiner les calligrammes représentés sur la feuille, puis leur demander de les identifier.
Les calligrammes sont examinés les uns après les autres :

– « À quoi cette forme vous fait-elle penser ? »
Un nuage.
– « Que “dit” le texte qui la compose ? »
Écrire : « petit nuage blanc » au tableau, de façon linéaire.
– « L'écriture du tableau fait-elle penser à la forme d'un nuage ? », « Pourquoi ? », « Comment a-t-on fait pour que le calligramme fasse penser à un nuage ? »

Souligner à la fois la forme et la disposition des lettres et des mots.

Remarquer que le texte prend la forme d'une route qui serpente et que la petite écriture cursive évoque plus une étroite route de campagne qu'une autoroute.

« Que “dit” le texte ? », « Qu'en pensez-vous ? »
Indiquer également que le texte suit une ligne directrice, qui sera tracée au tableau.

Le texte ondule comme la surface de la mer. En fin de ligne, les lettres sont dispersées comme l'est l'eau de la vague.

Le texte est déchiffré puis lu à haute voix :

« Venue de l'autre bout du monde /
La vague puissante avance et gronde /
Elle se jette sur la plage blonde /
Et meurt en quelques secondes. »

Remarquer les rimes et les vers de huit syllabes qui donnent du rythme au texte.
Tracer également la ligne directrice ondulante sur laquelle le texte semble avoir été écrit.

Les lettres capitales (droites et larges comme des maisons vues du ciel) sont dispersées, comme peuvent l'être les maisons dans une ville.
Faire remarquer que, dans ce cas, il n'y a pas de ligne directrice.

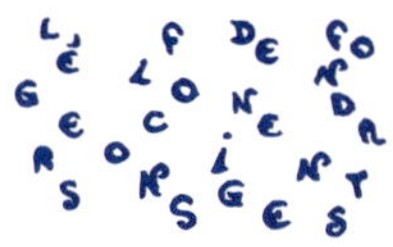

Des petites lettres rondes tombent du ciel…
« Remarque-t-on une ligne directrice ? », « Non ?… Pourquoi ? »

Après observation des calligrammes, revenir à la définition du mot.
« Peut-on maintenant le définir avec plus de précision ? »

Guider les élèves dans la rédaction collective d'une définition pouvant s'inspirer de celle donnée par le dictionnaire : « Texte le plus souvent poétique dont les mots sont disposés de manière à représenter les objets qui forment le thème du passage ou du poème. »

Réalisation collective puis individuelle d'un calligramme inédit

1 Phase orale collective

– Distribuer la partie droite de la fiche élève. Celle-ci propose une liste de mots qu'un élève lit à haute voix :
la pluie – un éclair d'orage – la montagne – le soleil – l'océan

– Proposer de trouver un calligramme pour le mot « pluie ».
Demander à quelques élèves de venir au tableau pour représenter les lignes directrices sur lesquelles le texte sera écrit. Plusieurs représentations seront proposées (traits, pointillés verticaux ou obliques…). S'orienter de préférence vers la représentation en traits obliques.

– Il s'agit maintenant « d'habiller » le trait avec un texte. Écrire « pluie » au tableau.
« Ce simple mot est-il suffisant ? »

Demander aux élèves de relire le texte du calligramme « route ».
« Quel texte pourrait-on écrire pour parler de la pluie ? »
Les élèves font des propositions qui permettent d'aboutir à un texte collectif qui sera écrit linéairement au tableau.
Suivant le niveau de la classe, être plus ou moins exigeant sur les rimes et le rythme du texte.

Demander ensuite à un élève de venir au tableau pour « habiller » le trait avec le poème ainsi réalisé.
La classe commente le travail terminé.
« Est-il satisfaisant ? », « Peut-on l'améliorer ? », « Comment ? »

Les mots de la liste sont rapidement passés en revue. Pour chacun d'eux, un élève vient au tableau afin d'y tracer les lignes directrices.

Par exemple :

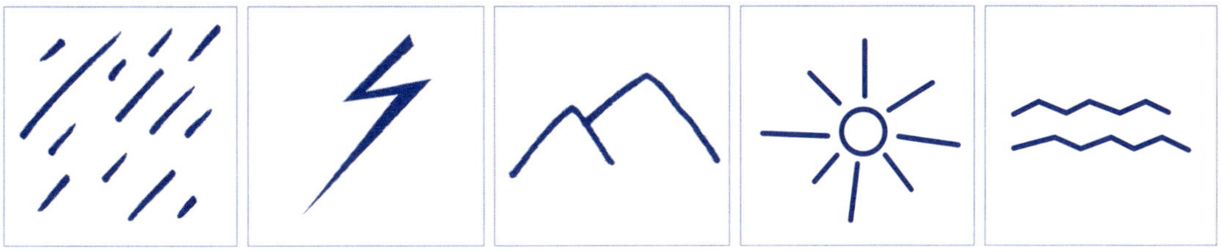

la pluie | un éclair d'orage | la montagne | le soleil | l'océan

❷ Phase écrite individuelle

Demander à chaque élève de choisir un mot de la liste et de réaliser un calligramme l'illustrant. Pour ce faire, l'élève doit :
– tracer les lignes directrices au crayon, dans l'encadré ;
– écrire le texte linéairement sur la ligne prévue à cet effet ;
– recopier son texte au stylo sur les lignes directrices ;
– gommer les lignes directrices.

❸ Phase d'exposition collective

Les calligrammes obtenus sont découpés puis exposés dans la classe.

« Sont-ils tous identifiables ? lisibles ? »,
« Lesquels sont les plus efficaces ? », « Pourquoi ? »

Il sera possible de réaliser un paysage regroupant plusieurs calligrammes en couleur (le ciel, la montagne, les nuages, la mer, la plage, une ville, etc.).
Ces réalisations pourront être individuelles, chacun travaillant de préférence sur une feuille de dessin format A4. Plusieurs séances seront nécessaires.
On pourra également se lancer dans une fresque collective, chacun réalisant une petite partie de cette œuvre grand format.

❹ Mise en place dans le cahier

Les exemples de calligrammes pourront être découpés et collés sur la page de droite du cahier, sous le titre « Calligrammes ».
La réalisation de l'élève sera collée sur la page de gauche du cahier de poésie.

Calligrammes

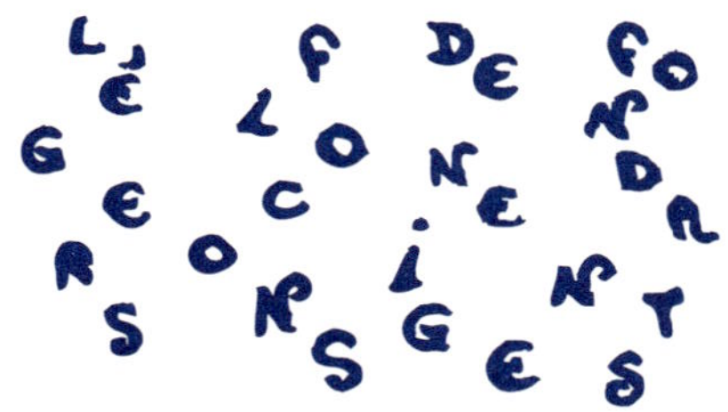

Réalise ton calligramme

1. Choisis un mot dans la liste :
   la pluie – un éclair d'orage – la montagne – le soleil – l'océan
2. Trace les lignes directrices au crayon, dans l'encadré.
3. Écris ton texte :

....

....

....

4. Copie le texte au stylo, sur les lignes directrices.
5. Gomme les lignes directrices.

Vert de mer

Un poisson connaissait par cœur les noms de
tous les autres poissons.
Il connaissait les algues, les courants, les sédiments,
les coquillages.
C'était un érudit.
Il exigeait d'ailleurs qu'on l'appelât « Maître » !
Il savait tout de la mer mais il ignorait tout de
l'homme.
Et un jour il se laissa prendre au bout d'un tout
petit hameçon.

Madeleine Le Floch
in *Petits Contes verts*
pour le printemps et pour l'hiver

Dominante :

Expression orale.

Objectifs :

- Comprendre l'implicite d'un texte.
- S'entraîner à la lecture expressive.
- Expérimenter une méthode de mémorisation du texte.

Déroulement de la séance

Avant la séance, photocopier puis découper la fiche élève correspondante.
Trois documents séparés pour chaque enfant :
– le texte intégral du poème ;
– sa version réduite ;
– sa version minimale.

1. Découverte et compréhension du poème.
2. Lecture des noms de l'auteur, de l'ouvrage et de l'éditeur.
3. Lecture expressive et mémorisation.
4. Collage des poèmes dans le cahier.

Découverte et compréhension du poème

❶ Lecture du poème par l'enseignant

Lire une première fois le poème. Poser ensuite quelques questions destinées à vérifier la compréhension globale du texte :

– « De quoi parle ce poème ? »
– « Que pouvez-vous dire du poisson décrit par l'auteur ? »
– « Comment finit-il ? », « Pourquoi ? »

Il ne s'agit pas de reformuler le texte, mais de permettre aux élèves d'évaluer la compréhension qu'ils en ont, après une première écoute. Donc, ne pas contredire les éventuelles informations fausses pouvant être données, mais préciser qu'il conviendra de les vérifier en relisant le texte.

❷ Lecture du poème par les élèves

Distribuer le texte du poème (version intégrale) et demander aux élèves de le lire silencieusement.

« Quels sont les mots que vous ne comprenez pas ? »

Expliquer les mots signalés (ex. : « sédiments », « érudit »…).

Demander à un élève de relire le texte à haute voix, puis poser quelques questions destinées à vérifier la compréhension fine du texte :

- « Quels sont les mots qui montrent que le poisson connaît vraiment bien les autres poissons ? »
  « par cœur », « de tous les autres poissons ».
- « Que montre le fait qu'il demande à être appelé "maître" ? »
  L'orgueil.
- « Quelle est l'importance du mot "mais" dans l'avant dernière phrase ? », « Qu'annonce-t-il ? »
- « Pourquoi l'auteur précise-t-il que le poisson se fait prendre par un "tout petit" hameçon ? »
- « Quelle est la morale de cette histoire ? »

■■ Lecture des noms de l'auteur, de l'ouvrage et de l'éditeur

Lors de l'identification de ces noms (cf. séquence 1), noter (si cela n'a pas déjà été fait) que le titre du poème (*Vert de mer*) est *a priori* incompréhensible si l'on s'attache à l'orthographe de « vert ». Ce choix s'explique sans doute par le titre du recueil dans lequel ce poème est paru : *Petits Contes verts pour le printemps et pour l'hiver.*

■■■ Lecture expressive et mémorisation du poème

❶ Avec le poème intégral

- Un premier élève vient au tableau avec le texte du poème. Il le lit à haute voix et la classe commente.
  « A-t-il lu de façon expressive ? », « Peut-on améliorer cette lecture ? », « Comment ? »

Les phrases sont reprises une à une, chacun donnant à haute voix l'interprétation qui lui semble la meilleure. On peut évidemment donner son avis et faire des propositions.

- Un deuxième élève vient au tableau pour faire une nouvelle lecture, en principe meilleure que la première. Indiquer qu'il serait préférable de connaître le texte par cœur afin de mieux le dire face aux autres.

2 Avec la première version réduite

Distribuer la première version réduite du poème. Demander à chaque élève de s'entraîner à la lire en s'aidant de la version intégrale.
Quelques minutes plus tard, un volontaire vient au tableau avec la version réduite. Il lit le poème (toujours de façon expressive), en ne s'aidant que de cette version.

L'expérience est renouvelée jusqu'à ce qu'un élève puisse « dire » le poème de façon vraiment expressive, sans être perturbé par l'absence de certains mots sur la version réduite.

3 Avec la version minimale

Distribuer la version minimale du texte. Demander aux élèves de s'entraîner à la lire en s'aidant de la version réduite, puis faire venir quelques volontaires au tableau pour une lecture expressive.

4 Sans le poème

Certains élèves peuvent être déjà prêts à « dire » le poème par cœur. Leur proposer alors de venir le « jouer » face à la classe. Les guider dans une mise en scène simple, alliant gestuelle et expression du visage. La classe commente.

Collage des poèmes dans le cahier

Indiquer que les poèmes vont être collés sur la page de droite du cahier de poésie de la façon suivante :

– les trois feuilles vont être réunies pour constituer une sorte de petit cahier de trois pages. La première est la version intégrale, la seconde la version réduite, la troisième la version minimale ;
– chaque page est pliée au niveau du pointillé, afin de constituer la charnière de ce cahier ;
– les trois pages sont collées entre elles, puis l'ensemble est collé dans le cahier de poésie.

Les élèves n'ayant pas encore mémorisé l'ensemble du poème pourront le faire grâce à ce mini-cahier.

Vert de mer

Un poisson connaissait par cœur les noms de
tous les autres poissons.
Il connaissait les algues, les courants, les sédiments,
les coquillages.
C'était un érudit.
Il exigeait d'ailleurs qu'on l'appelât « Maître » !
Il savait tout de la mer mais il ignorait tout de
l'homme.
Et un jour il se laissa prendre au bout d'un tout
petit hameçon.

Madeleine Le Floch
in *Petits Contes verts pour le printemps et pour l'hiver*

Version réduite

Un poisson connaissait .... les noms de
tous les autres ....
Il connaissait les ...., les courants, les sédiments,
les ....
C'était un érudit.
Il .... d'ailleurs qu'on l'appelât « .... » !
Il savait .... de la .... mais il .... tout de
l' ....
Et un .... il se laissa .... au bout d'un tout
petit ....

Version minimale

Un .... connaissait .... les .... de
tous les autres ....
Il .... les ...., les courants, les ....,
les ....
C'était un ....
Il .... d'ailleurs qu'on l' .... « .... » !
Il .... de la .... mais il .... tout de
l' ....
Et un .... il se laissa .... au .... d'un ....
petit ....

Situ...

Situ
Situtrouvssachouétt
Détrin
Détrinvrépoétt
Tapu
Tapukatimétt

Sophie Elmosino
in *Des rimes et des rames*
Éditions de la Voûte

Dominante :

Production d'écrits.

Objectifs :

- Ressentir le rythme d'un poème.
- Créer un poème en écriture phonétique.

Déroulement de la séance

Avant la séance, photocopier puis découper la fiche élève correspondante.
Un seul document pour chaque enfant : le texte du poème.

1. Découverte et analyse du poème.
2. Lecture expressive.
3. Lecture des noms de l'auteur, de l'ouvrage et de l'éditeur.
4. Écriture phonétique d'un poème et lecture expressive des textes produits.
5. Mise en page du poème dans le cahier.

■ Découverte et analyse du poème

Distribuer le texte du poème sans introduction particulière. Les enfants en prennent connaissance, puis leur poser quelques questions :

– « Pourquoi avez-vous l'air étonné, amusé ? »
– « Qui peut lire ce texte ? »
– « Que dit-il ? »
– « Qu'en pensez-vous ? »

Les enfants ont, bien sûr, remarqué que le poème n'est pas écrit « normalement ». Indiquer qu'il est écrit phonétiquement (écrire ce mot au tableau), ce qui signifie que les mots sont écrits comme ils se prononcent.

■■ Lecture expressive

❶ Recherche individuelle

Demander aux élèves de préparer « silencieusement » une lecture expressive du poème. Ils doivent chercher à donner un ton et un rythme au texte.

2 Recherche collective

Quelques élèves lisent le texte à haute voix en y mettant l'expression qu'ils choisissent. La classe commente, fait des comparaisons.

« Qu'est-ce qui était intéressant chez ce lecteur ? chez cet autre ? »,
« Ne pourrait-on pas associer ces deux façons de dire ? »

On peut également proposer, par exemple, la lecture suivante :

« Situ...	(rythme lent, en regardant en l'air, comme si on cherchait la suite...)
Situtrouvssachouétt	(ton rapide)
Détrin	(rythme de nouveau lent)
Détrinvrépoétt	(lecture rapide, expression amusée...)
Tapu	(expression exprimant une question dont on connaît la réponse)
Tapukatimétt »	(expression exprimant un conseil ferme, voire un ordre)

Lecture des noms de l'auteur, de l'ouvrage et de l'éditeur

Après l'identification de ces noms (cf. séquence 1), le coquillage contenant le poème est découpé (en entier). La partie supérieure de la coquille se rabat sur le texte ; seule la partie inférieure est collée sur la page de droite du cahier de poésie. Les élèves recopient le titre du poème sur la partie apparente.

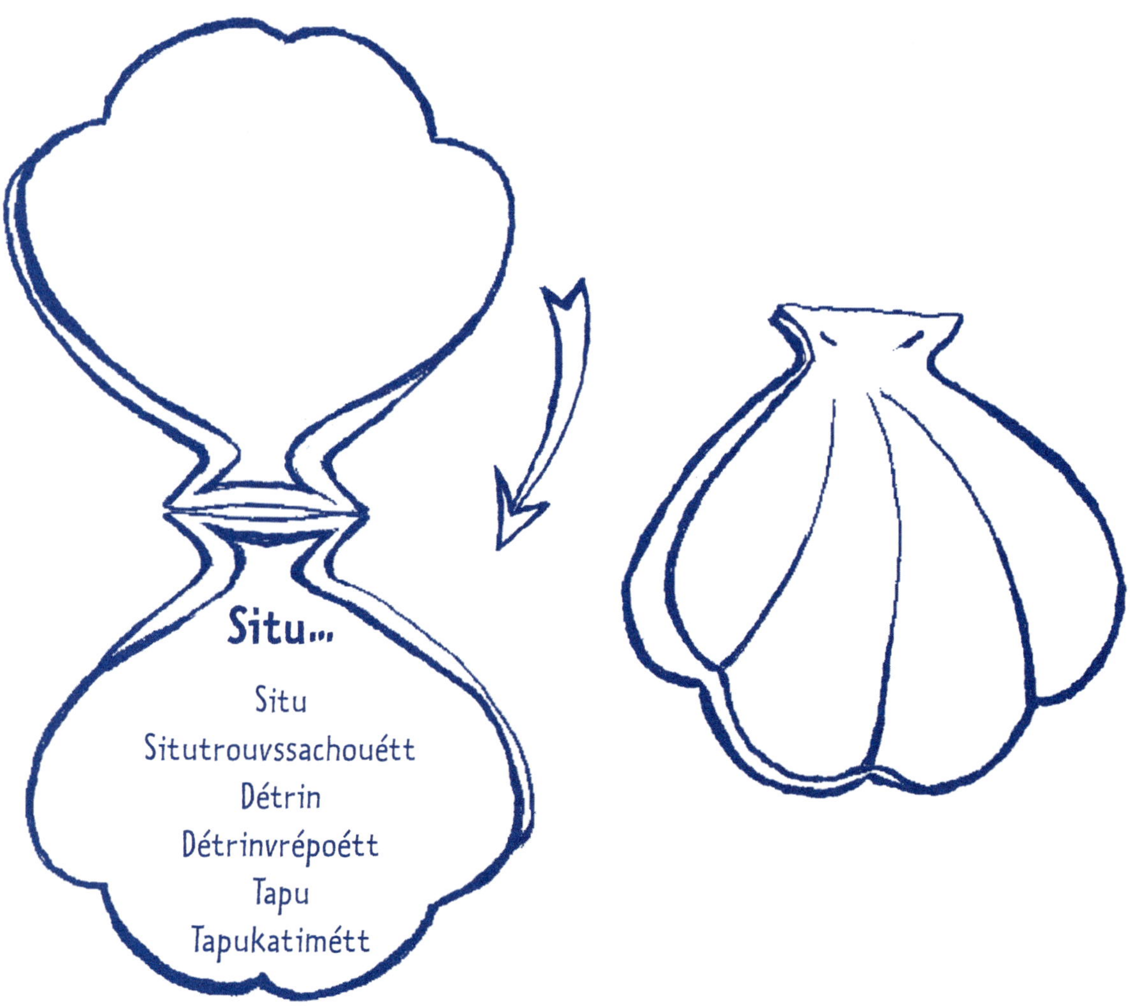

Écriture phonétique d'un nouveau poème

Suivant le niveau de la classe, on pourra se lancer dans l'écriture d'un ou de plusieurs poèmes, en privilégiant le travail collectif ou le travail individuel.

1 Phase orale collective

Proposer d'écrire phonétiquement un nouveau poème.

« Comment va-t-on faire ? »

Afin d'éviter la construction relativement complexe de la phrase originale (*« Si tu trouves ça chouette d'être un vrai poète tu n'as plus qu'à t'y mettre »*), on commencera par chercher une phrase commençant par « Situ » suivie de la question : « Situ veux faire quoi ? »

Laisser la classe ébaucher des débuts de phrase et saisir celui qui lui semble intéressant.

Par exemple : « Situ veux des crêpes… »

Écrire le début du poème au tableau :

« Situ
Situveudécrèp »

Laisser la classe poursuivre la phrase. Saisir une nouvelle fois la suite qui semble la plus intéressante.

Par exemple : « Tapu
Tapukatléfèrcuir. »

Voilà un premier poème ! Il est plus rudimentaire que celui de Sophie Elmosino, mais il permet de rassembler rapidement la classe autour d'une création originale.

2 Phase écrite individuelle

Proposer à chaque élève de créer son propre poème. Offrir différentes possibilités de départ avec « Sinou », « Sije » et « Sivou » (à écrire au tableau).

Distribuer à chaque élève une feuille volante (ou demander de travailler sur le cahier de brouillon) et donner les consignes suivantes :

- « Préparez votre texte au crayon à papier, en haut de la feuille. N'hésitez pas à vous corriger ! »
- « Lorsque votre texte est prêt, recopiez-le soigneusement en bas de page. Attention ! Il doit être bien lisible car c'est quelqu'un d'autre qui va le lire ! »
- « Découpez votre texte. Je le ramasserai et le donnerai à quelqu'un d'autre pour qu'il nous le lise. »

Lorsque les textes sont écrits et les bandes découpées, ramasser les textes et les redistribuer au hasard.

3 Mise en commun

Chaque élève prépare silencieusement la lecture du poème qu'il vient de recevoir, puis il le lit à haute voix devant la classe, qui commente (lectures pouvant être réparties sur la semaine).

4 Amélioration des textes

Les textes lus sont ensuite rendus à leurs auteurs qui, grâce à ceux qu'ils viennent d'écouter, peuvent les corriger (éventuellement avec l'aide de l'enseignant).

Mise en page du poème dans le cahier

Les poèmes produits seront ensuite collés sur la page de gauche du cahier de poésie, sous la forme d'un pliage s'inspirant de celui proposé pour le poème de Sophie Elmosino. Chaque élève devra donc :

– choisir la forme de l'« écrin » qui lui convient (ex. : un œil, un coquillage, une fleur...) ;
– prévoir et délimiter la place nécessaire à l'écriture de son texte ;
– prévoir et délimiter une surface identique qui pourra être repliée sur le texte ;
– recopier et signer son poème dans la partie prévue à cet effet ;
– découper l'ensemble ;
– replier le « couvercle » et y écrire le titre du poème ;
– coller la partie « texte » dans le cahier ;
– décorer, colorier...

Un poème de

Sophie Elmosino
in *Des rimes et des rames*
Éditions de la Voûte

Situ...

Situ
Situtrouvssachouétt
Détrin
Détrinvrépoétt
Tapu
Tapukatimétt

Un poème de

Sophie Elmosino
in *Des rimes et des rames*
Éditions de la Voûte

Situ...

Situ
Situtrouvssachouétt
Détrin
Détrinvrépoétt
Tapu
Tapukatimétt

Guide pédagogique 10

La Chenille

Le travail mène à la richesse
Pauvres poètes, travaillons !
La chenille en peinant sans cesse
Devient le riche papillon.

Guillaume Apollinaire
in « Le Bestiaire ou cortège d'Orphée »
Œuvres poétiques

Dominante :

Arts plastiques.

Objectifs :

- Comprendre une métaphore.
- Mettre en page une illustration.

Déroulement de la séance

Avant la séance, photocopier puis découper la fiche élève correspondante.
Deux documents séparés pour chaque enfant :
– le texte ;
– les vignettes.

1. Introduction du poème : Que pensez-vous des poètes ?
2. Découverte et analyse du poème.
3. Lecture des noms de l'auteur, de l'ouvrage et de l'éditeur.
4. Travail sur l'illustration (mise en page).
5. Lecture expressive.

Introduction du poème

1 Poètes et chanteurs

Écrire le mot « poète » au tableau et demander aux élèves s'ils connaissent des poètes célèbres.
Les laisser répondre librement et comptabiliser les noms donnés en dessinant un bâton par poète cité devant le mot « poète ».

Écrire ensuite le mot « chanteur » au tableau et demander aux élèves s'ils connaissent des chanteurs célèbres. Comptabiliser également les réponses à l'aide de bâtons.

Une fois les réponses épuisées, comparer les nombres de bâtons inscrits en regard des mots « poète » et « chanteur ».
« Qui en a le plus ? »
Demander aux élèves d'expliquer pourquoi ils connaissent beaucoup de chanteurs et peu (ou pas) de poètes.

2 Poète ou chanteur ?

Tracer ensuite deux colonnes au tableau et noter « chanteur » au-dessus de la première et « poète » au-dessus de la seconde. Demander aux élèves de trouver des mots évoquant le chanteur, et d'autres mots évoquant le poète (on pourra,

en CE2, proposer des mots aux élèves, qui préciseront de les mettre dans telle ou telle colonne – voir les exemples ci-dessous). Ces mots sont notés au tableau au fur et à mesure qu'ils sont cités par la classe.
La colonne « chanteur » se remplit rapidement : on y trouve, par exemple : « célèbre, beau, disque, télévision, argent... ».
La colonne « poète » peine à se remplir. On y trouve, par exemple : « livre, mot, rime, poésie, enfant... ». (Les enfants pensent souvent que les poètes n'écrivent que pour eux.)

Lorsque le sujet semble épuisé, demander aux élèves :

« Est-ce que vous préféreriez devenir un poète célèbre ou un chanteur célèbre ? Que ceux qui aimeraient devenir poètes lèvent le doigt. »

La préférence de la classe va (souvent) au chanteur. Demander de justifier cette préférence. La notion de richesse matérielle apparaît (si elle ne l'a pas encore fait dans les étapes précédentes).

Demander alors :

« Le chanteur célèbre est riche, nous sommes d'accord.
Mais le poète n'est-il pas riche à sa façon ? »

Laisser les élèves répondre librement. Bien souvent, l'expression « à sa façon » passe inaperçue. Le poète n'est pas riche, un point c'est tout.

Effacer le tableau puis indiquer qu'un poème de Guillaume Apollinaire va être distribué. Écrire le nom du poète au tableau.

Découverte et analyse du poème

Distribuer le poème. Laisser les élèves découvrir le texte, puis le lire à haute voix. Poser ensuite quelques questions destinées à éclaircir cette lecture :

– « De quoi parle ce texte ? »

La chenille fait des efforts pour devenir un papillon, ce n'est pas facile, le poète fait pareil : il travaille et après il devient riche...

Écrire le mot « chenille » au tableau et, un peu plus loin, le mot « papillon ». Relier ces deux mots d'une flèche, au-dessus de laquelle on écrit le mot « métamorphose », puis expliquer son schéma : la chenille se métamorphose en papillon.

Écrire ensuite le mot « poète » sous le mot « chenille » et demander :

– « Et le poète, en quoi se métamorphose-t-il ? »

Les enfants tentent de répondre à la question (qui n'est pas facile !). Certains d'entre eux seront tentés de reprendre les mots du texte : le poète devient le riche poète, comme le papillon.

Rebondir alors sur cette remarque :

– « Le papillon est-il riche ? A-t-il de l'argent en banque, une belle maison, des voitures ? Évidemment non. Alors de quoi est-il riche ? »

Aborder alors la notion de richesse « intérieure » : contrairement à la chenille, le papillon est riche de ses couleurs, de sa liberté de voler là où il veut, de son amour des fleurs...

– « Quelle est donc la richesse du poète ? »

Les élèves font des propositions, d'abord hésitantes, puis de plus en plus affirmées au fur et à mesure qu'ils prennent conscience de cette autre richesse. Noter au tableau les mots clés qui peuvent alors surgir dans la discussion (ex. : rêve, émotion, amour, espoir, voyage, liberté...).

Terminer par une relecture des mots écrits au tableau (qui ne sont pas effacés).

■■■ Lecture des noms de l'auteur, de l'ouvrage et de l'éditeur

Demander à un élève de lire les petites lignes placées sous le poème.

« À quoi servent-elles ? »

Lors de l'identification de ces noms (cf. séquence 1), sélectionner, dans la biographie page 157, les informations qui sembleront adaptées à la classe et expliquer que le mot « bestiaire » désigne un livre présentant des textes ou des images ayant un rapport avec les animaux.

Le poème est ensuite découpé et collé sur la page de droite du cahier de poésie.

■■■■ Travail sur l'illustration

Demander aux élèves d'observer et de commenter l'illustration.
Celle-ci propose :
– le dessin du « poète triste » chevauchant la chenille ;
– le même poète, gai cette fois, chevauchant le papillon.
Après avoir été découpé, ce papillon sera plié afin d'être collé par une aile dans le cahier.

❶ Phase orale collective

Les élèves examinent puis commentent les dessins :
– le poète sur la chenille est triste parce qu'il ne peut pas voler. Il n'a pas encore découvert ses richesses intérieures ;
– le poète sur le papillon a effectué sa métamorphose. Il est heureux parce qu'il a acquis des « pouvoirs ». Il peut voir ou ressentir ce que d'autres hommes ne ressentent pas.

Les deux dessins sont découpés. Montrer qu'un pliage permet de « faire voler » le papillon.

« Qu'apporte cette possibilité dans l'illustration ? »,
« Est-ce plus joli ? », « Pourquoi ? »

Faire ressortir les idées d'envol, de légèreté, d'évasion...

Les deux images sont posées sur la page de gauche du cahier. La classe fait des propositions de mise en page.

– « Où placer le dessin "poète/chenille" ? », « Pourquoi ? »
– « Où placer le dessin "poète/papillon" ? », « Pourquoi ? »
– « Que doit montrer la disposition de ces deux dessins ? Que peut-on ajouter entre les deux (des mots, des dessins...) ? Dans quel but ? »

Faire la proposition suivante, si elle n'a pas été donnée par les élèves :
- placer la chenille en bas à gauche, près du « sol », pour montrer que les personnages ne sont pas encore très évolués ;
- placer le papillon au milieu ou en haut de la page, décalé sur la droite, pour montrer l'envol des personnages ;
- écrire des mots ou faire des dessins autour du « poète/papillon » pour montrer la richesse du poète. Les mots pourront être choisis parmi ceux du tableau (ceux qui leur plaisent le plus dans la colonne « poète » remplie en début de séance).

On pourra également discuter du choix des couleurs :

« Quelles sont celles qui font penser à la pauvreté, à la tristesse ? »,
« Pourquoi ? »

Procéder de la même manière pour les couleurs généralement associées à la richesse ou au bonheur (on pourra préciser que richesse et bonheur ne vont pas forcément de paire...). Une liste des couleurs « tristes » pourra être élaborée au tableau, en parallèle avec une liste des couleurs « gaies ».
Imaginer ensuite quelle sera la mise en couleur du poète sur la chenille et celle du poète sur le papillon.

2 Phase individuelle

Les élèves collent les images sur la page de gauche du cahier de poésie. Ils copient les mots choisis ou les symbolisent par des dessins, ajoutent un décor s'ils l'estiment nécessaire, puis passent à la mise en couleur.

Lecture expressive

Une fois le poème bien compris, les élèves pourront en faire une lecture expressive, à laquelle ils associeront une gestuelle (la difficulté du travail, l'envol du papillon...). Ce travail de groupe pourra s'apparenter à une séance d'expression théâtrale.

La Chenille

Le travail mène à la richesse
Pauvres poètes, travaillons !
La chenille en peinant sans cesse
Devient le riche papillon.

Guillaume Apollinaire
in « Le Bestiaire ou cortège d'Orphée »
Œuvres poétiques

La Chenille

Le travail mène à la richesse
Pauvres poètes, travaillons !
La chenille en peinant sans cesse
Devient le riche papillon.

Guillaume Apollinaire
in « Le Bestiaire ou cortège d'Orphée »
Œuvres poétiques
© Éditions Gallimard

La Chenille

Le travail mène à la richesse
Pauvres poètes, travaillons !
La chenille en peinant sans cesse
Devient le riche papillon.

Guillaume Apollinaire
in « Le Bestiaire ou cortège d'Orphée »
Œuvres poétiques
© Éditions Gallimard

Courageux mais pas téméraire

Je compte jusqu'à deux
Et je n'ai pas peur d'eux
Je compte jusqu'à trois
Je ne crains pas le roi
Je compte jusqu'à quatre
Je vais aller me battre
Je compte jusqu'à cinq
Il faut que je les vainque
Je compte jusqu'à six
Il m'en faut plus que dix
Je compte jusqu'à sept
Et j'en fais des sucettes
Je compte jusqu'à huit
C'est moi qui prends la fuite

Louis Delorme
in *La Comptinière*
Éditions du Brontosaure

Dominante :

Expression orale.

Objectifs :

- Préciser le vocabulaire spécifique à la poésie (vers, rime, pied…).
- Mémoriser un texte long à l'aide d'un support visuel.

Déroulement de la séance

Avant la séance, photocopier puis découper la fiche élève correspondante.
Deux documents séparés pour chaque enfant :
– le texte ;
– les aides à la mémorisation.

1. Introduction du poème : Que peut annoncer le titre de ce poème ?
2. Découverte du poème.
3. Analyse du poème (rappel du vocabulaire poétique – cf. séquence 1).
4. Lecture des noms de l'auteur, de l'ouvrage et de l'éditeur.
5. Travail sur l'illustration (mémorisation du texte).
6. Lecture expressive.

Introduction du poème

Indiquer aux élèves qu'ils vont lire un poème intitulé *Courageux mais pas téméraire* (écrire le titre au tableau).

– « Qui, dans la classe, peut expliquer la différence entre "courageux" et "téméraire" ? »

Préciser les réponses donnant une définition proche de celle du dictionnaire : « Courageux : adjectif. Se dit de quelqu'un qui fait preuve d'énergie face au danger ou à la souffrance. »
« Téméraire : adjectif. Courageux jusqu'à l'imprudence, casse-cou. »

– « Qui peut donner un exemple de situation dans laquelle une personne a un comportement courageux et une autre un comportement téméraire ? »

La classe commente les exemples donnés.

Découverte du poème

1. Distribuer le poème de Louis Delorme (partie de gauche de la fiche élève). Demander aux élèves de le lire et de noter (dans le cahier de brouillon, par exemple) les mots qu'ils ne connaissent pas.

2. Expliquer (avec l'aide de la classe) les mots notés par les élèves.

3. Lire le texte à haute voix, puis poser quelques questions destinées à éclaircir cette lecture :
   – « Que nous raconte ce texte ? », « Comment décrire la situation ? »
   Par exemple : un enfant se trouve devant un nombre croissant d'adversaires : il veut se battre mais finit par prendre la fuite.
   – « Quel rapport voyez-vous entre l'histoire et son titre ? »

Analyse du poème

1. **Les vers**
   Rappeler qu'en poésie, on parle de « vers » (écrire le mot au tableau) pour indiquer une ligne d'un poème.
   – « Combien de vers compte ce poème ? »
   Il en compte 14.
   – « À quoi servent les vers "Je compte jusqu'à..." ? », « Pourquoi sont-ils répétés ? »
   Ils indiquent l'évolution du nombre d'adversaires.
   On peut alors procéder à une relecture expressive du poème en insistant sur les vers « Je compte jusqu'à… », en proposant, par exemple, de forcer la voix sur ces vers et de montrer avec les doigts le chiffre indiqué.

2. **Les rimes**
   Demander aux élèves d'observer la fin de chaque vers.
   « Que remarquez-vous ? »

   Citer le mot « rime » (qui sera écrit au tableau) et en indiquer le sens si les élèves ne le connaissent pas encore.
   « À quoi servent les rimes ? »

Lire les quatre premiers vers du poème, puis enchaîner sur quatre autres dans lesquels la rime a été supprimée :

Je compte jusqu'à deux	*Je compte jusqu'à deux*
Et je n'ai pas peur d'eux	*Et ils ne me font pas peur*
Je compte jusqu'à trois	*Je compte jusqu'à trois*
Je ne crains pas le roi	*Je ne crains pas leur chef*

« Quelles différences existe-t-il entre les vers avec rimes et ceux sans rimes ? »

Aider les élèves à formuler ce qu'ils ressentent sans toujours réussir à bien l'exprimer : la rime apporte un rythme, une mélodie qui fait du poème une sorte de composition musicale…

3 Les pieds

Lire une nouvelle fois les quatre premiers vers, suivis d'une version dans laquelle le nombre de pieds n'est pas régulier :

Je compte jusqu'à deux	*Je compte jusqu'à deux*
Et je n'ai pas peur d'eux	*Et je n'ai absolument pas peur d'eux*
Je compte jusqu'à trois	*Je compte jusqu'à trois*
Je ne crains pas le roi	*Je ne crains pas du tout celui qu'on appelle le roi*

– « Quelle différence existe-t-il entre ces deux versions ? »

Certains élèves remarqueront (peut-être) que, dans la deuxième version, des vers sont plus longs que les autres et que cela casse le rythme du poème. Relire alors les deux versions (en exagérant cette impression de rythme) afin de montrer l'importance du nombre de pieds.

– « Combien y a-t-il de syllabes dans chaque vers du poème ? »

Les élèves comptent les syllabes des premiers vers et en trouvent six.

– « Est-ce pareil pour tous les vers ? »,
« Comment lire pour conserver ces six syllabes ? »

Rappeler qu'en poésie, on parle de « pieds » (mot à écrire au tableau) et non de « syllabes ».

En résumé, noter les mots suivants au tableau et en préciser une nouvelle fois le sens :
– « vers » : nom donné à une ligne de poème ;
– « pied » : nom donné à une syllabe dans un vers ;
– « rime » : certains vers se terminent par le même son.

Lecture des noms de l'auteur, de l'ouvrage et de l'éditeur

Lors de l'identification de ces noms (cf. séquence 1), sélectionner, dans la biographie de l'auteur page 158, les informations qui sembleront adaptées à la classe.

Le poème est ensuite découpé et collé sur la page de droite du cahier de poésie.

Travail sur les aides à la mémorisation

Distribuer le « dépliant » de la fiche élève. Les élèves le plieront en accordéon de façon à ce qu'on lise « peur » en premier.
Celui-ci « résume » le texte et va permettre de le mémoriser plus aisément.

1. Les élèves examinent puis commentent les « cartes » du dépliant :
   – « Que représente chacune d'elles ? », « Quel rapport avec le texte ? »
   – « Sont-elles dans l'ordre de l'histoire ? »

2. Proposer à un élève de « redire » le poème en s'aidant du dépliant et du texte.
   « Quelle est l'utilité du chiffre placé en haut à gauche de chaque carte ? », « À quoi sert le mot qui est précisé ? », « Comment se servir de ces indices pour retrouver le texte ? »

Aider les élèves à retrouver le texte original en ne s'aidant que des cartes.

3. Les élèves s'entraînent individuellement à mémoriser les six premiers vers du poème. Quelques volontaires viennent au tableau pour « dire » le début du poème en ne s'aidant que du dépliant.

4. Informer les élèves qu'ils doivent apprendre le reste du poème pour la prochaine fois (non pas l'apprendre par cœur, mais le « dire » en s'aidant de la série de cartes qu'ils pourront garder sous les yeux).

Lecture expressive

Les élèves pourront donner une interprétation théâtralisée du poème (éventuellement en s'aidant des cartes reproduites en grand, présentées par un « souffleur »).
Insister sur l'évolution de l'expression du visage et du corps.

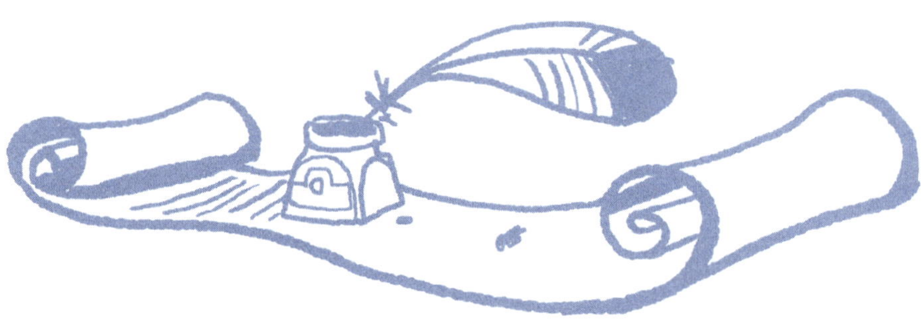

Courageux mais pas téméraire

Je compte jusqu'à deux
Et je n'ai pas peur d'eux
Je compte jusqu'à trois
Je ne crains pas le roi
Je compte jusqu'à quatre
Je vais aller me battre
Je compte jusqu'à cinq
Il faut que je les vainque
Je compte jusqu'à six
Il m'en faut plus que dix
Je compte jusqu'à sept
Et j'en fais des sucettes
Je compte jusqu'à huit
C'est moi qui prends la fuite

Louis Delorme
in *La Comptinière*
Éditions du Brontosaure

Courageux mais pas téméraire

Je compte jusqu'à deux
Et je n'ai pas peur d'eux
Je compte jusqu'à trois
Je ne crains pas le roi
Je compte jusqu'à quatre
Je vais aller me battre
Je compte jusqu'à cinq
Il faut que je les vainque
Je compte jusqu'à six
Il m'en faut plus que dix
Je compte jusqu'à sept
Et j'en fais des sucettes
Je compte jusqu'à huit
C'est moi qui prends la fuite

Louis Delorme
in *La Comptinière*
Éditions du Brontosaure

2 PEUR

3 ROI

4 ME BATTRE

5 VAINCRE

6 + de DIX

7 SUCETTE

8 FUITE

2 PEUR

3 ROI

4 ME BATTRE

5 VAINCRE

6 + de DIX

7 SUCETTE

8 FUITE

Guide pédagogique 12

Séquence 12 Anagrammes

Anagrammes

Par le jeu des anagrammes,
Sans une lettre de trop,
Tu découvres le sésame
Des mots qui font d'autres mots.

Me croiras-tu si je m'écrie
Que toute neige a du génie ?

Vas-tu prétendre que je triche
Si je change ton chien en niche ?

Me traiteras-tu de vantard
Si une harpe devient phare ?

Tout est permis en poésie.
Grâce aux mots, l'image est magie.

Pierre Coran
in *L'Écharpe d'Iris*
Le livre de poche Jeunesse

Dominante :

Production d'écrits.

Objectifs :

- Comprendre le mécanisme de l'anagramme.
- Intégrer des anagrammes dans une légende d'illustration.

Déroulement de la séance

Avant la séance, photocopier puis découper la fiche élève correspondante.
Deux documents séparés pour chaque enfant :
– le texte du poème ;
– les cinq vignettes encadrées.

1. Introduction du poème : Qu'est-ce qu'une anagramme ?
2. Découverte et analyse du poème.
3. Lecture des noms de l'auteur, de l'ouvrage et de l'éditeur.
4. Travail sur l'illustration (recherche des anagrammes représentées).
5. Rédaction d'une légende pour chaque vignette.

Introduction du poème

Écrire « anagramme » au tableau. Demander aux élèves s'ils connaissent le sens de ce mot et, si oui, d'en citer des exemples.
Préciser qu'une anagramme est un mot formé à partir des lettres d'un autre mot. Écrire le mot « RAME » au tableau (en capitales) et proposer aux élèves de l'écrire également sur leur cahier de brouillon.

– « Quelles sont les lettres de ce mot ? »
– « Quels autres mots peut-on faire avec ces mêmes lettres ? »
Les élèves cherchent en écrivant sur leur cahier, puis ils font des propositions. Justifier le rejet de celles qui ne sont pas acceptables (ex. : une lettre de plus ou de moins, un mot inconnu...). Noter au tableau les anagrammes acceptables, sous le mot « RAME », de façon à bien montrer que l'on utilise les mêmes lettres :

RAME
MARE
ARME
AMER

Écrire ensuite quatre mots au tableau (« ÉTANG, AIGLE, VÉLO, PALME ») et demander aux élèves de trouver une anagramme pour chacun d'eux (« GÉANT, AGILE, VOLE, LAMPE »).

Lorsque ces anagrammes ont été trouvées, indiquer aux élèves qu'on va leur distribuer un poème de Pierre Coran (dont le nom sera écrit au tableau), intitulé *Anagrammes*.

Découverte et analyse du poème

1 Lecture silencieuse du texte

Distribuer le poème. Laisser les élèves découvrir le texte et leur demander de noter les mots qu'ils ne connaissent pas dans leur cahier de brouillon.

2 Compréhension du texte

Avec l'aide de la classe, expliquer les mots ayant été notés dans le cahier.
Lire ensuite le texte à haute voix et poser quelques questions destinées à en vérifier la compréhension :
– « De quoi parle ce poème ? »
– « Avez-vous repéré des anagrammes ? »

Les élèves recherchent et font la liste des anagrammes présentées dans le texte : « neige / génie », « chien / niche », « harpe / phare », « image / magie ».

– « Quel est le sens de la dernière strophe ? »
En poésie, on peut s'amuser avec les mots...
– « Que pensez-vous de ce poème ? »

3 Construction du poème

Aider les élèves lors de la découverte des caractéristiques « techniques » de ce poème :
– « Avez-vous repéré la construction du poème ? »
Une introduction présente les anagrammes, trois exemples sont donnés, puis une conclusion indique un des pouvoirs des mots en poésie...
– « L'auteur a-t-il fait rimer certains vers ? » (Les élèves précisent les rimes à haute voix.)
– « Le nombre de pieds est-il régulier ? »

On pourra demander aux élèves de compter le nombre de pieds pour chaque vers et de noter ce nombre au crayon à papier.

– « Comment lire pour uniformiser ce nombre au sein de chaque strophe ? »

Lecture des noms de l'auteur, de l'ouvrage et de l'éditeur

Lors de l'identification de ces noms (cf. séquence 1), sélectionner, dans la biographie de l'auteur page 157, les informations adaptées à la classe.

Le poème est ensuite découpé et collé sur la page de droite du cahier de poésie.

Travail sur l'illustration

Distribuer la partie « illustration » de la fiche élève. Celle-ci est composée de six vignettes « mettant en scène » des anagrammes. Les élèves devront identifier ces anagrammes et les utiliser lors de la rédaction d'un court texte légendant chaque vignette.

1 Phase orale collective

Les six vignettes sont découpées et posées sur la page de gauche du cahier.

– « Que représentent ces vignettes ? »

Les vignettes sont rapidement décrites.

– « Pourquoi peuvent-elles utilisées pour illustrer un poème sur les anagrammes ? »

Laisser les élèves réfléchir… Le déclic peut provenir d'un élève qui découvre l'une des anagrammes. Si cela ne se fait pas, demander aux élèves d'observer la vignette représentant le singe.

– « Que voit-on ? »

Un singe !

Écrire « SINGE » au tableau.

– « Que fait-il ? »

Après quelques hésitations, la classe donnera sûrement le mot « signe », qui sera écrit au tableau (« SIGNE »), à côté du mot « SINGE ».

– « Ne remarquez-vous pas une ressemblance entre ces deux mots ? »

Les élèves comprennent alors qu'ils doivent trouver un couple d'anagrammes pour chaque vignette.

2 Phase écrite individuelle

Demander maintenant aux élèves de recherche un couple d'anagrammes pour chaque vignette. Les élèves doivent les noter dans le cahier de brouillon.

Par exemple : singe / signe — poule / loupe — cornes / ronces
valise / salive — ange / nage — lampe / palme

❸ Mise en commun

Les élèves font la liste des anagrammes trouvées sur les vignettes au tableau.

Rédaction d'une légende pour chaque vignette

❶ Phase orale collective

Montrer le premier couple « SINGE / SIGNE ». Demander à la classe de trouver deux vers contenant ces mots, et cela en s'inspirant des exemples donnés par Pierre Coran. Suivant le niveau de la classe, on pourra rechercher ou non la présence d'une rime en fin de vers.

Par exemple : Seras-tu étonné si je te dis
Que le singe m'a fait un signe ?

ou Regarde, l'œil du singe cligne !
Pas de doute, il nous fait un signe !

❷ Recherche écrite individuelle

Chaque élève rédige deux vers pour les vignettes de son choix. Il peut s'inspirer de l'exemple ou s'en libérer totalement, l'essentiel étant que la légende illustre la vignette et contienne les anagrammes demandées.

❸ Mise en commun

Les vers trouvés sont écrits au tableau et commentés.
« Peut-on les améliorer ? », « Comment ? »

❹ Phase écrite individuelle

Demander aux élèves de coller une première vignette (celle qu'ils veulent) sur la page de gauche de leur cahier de poésie. Ils doivent ensuite recopier les vers l'illustrant (en prenant l'un des couples notés au tableau ou en choisissant une composition personnelle).
Les autres vignettes sont ensuite progressivement collées puis légendées.

Anagrammes

Par le jeu des anagrammes,
Sans une lettre de trop,
Tu découvres le sésame
Des mots qui font d'autres mots.

Me croiras-tu si je m'écrie
Que toute neige a du génie ?

Vas-tu prétendre que je triche
Si je change ton chien en niche ?

Me traiteras-tu de vantard
Si une harpe devient phare ?

Tout est permis en poésie.
Grâce aux mots, l'image est magie.

Pierre Coran
in *L'Écharpe d'Iris*
Le livre de poche Jeunesse

Anagrammes

Par le jeu des anagrammes,
Sans une lettre de trop,
Tu découvres le sésame
Des mots qui font d'autres mots.

Me croiras-tu si je m'écrie
Que toute neige a du génie ?

Vas-tu prétendre que je triche
Si je change ton chien en niche ?

Me traiteras-tu de vantard
Si une harpe devient phare ?

Tout est permis en poésie.
Grâce aux mots, l'image est magie.

Pierre Coran
in L'Écharpe d'Iris
Le livre de poche Jeunesse
© Hachette Livre

Le Flocon

Venant de Norvège,
Un flocon de neige
Qui volait au vent
S'en allait rêvant.
Voyant une fille
D'allure gentille
Par le Nord giflée
Bien emmitouflée
D'un bonnet de laine.
Il se dit : « Ma veine !
De la bonne aubaine
Si je profitais pour me camoufler
Et me réchauffer.
J'attendrais demain
Pour continuer tout ce long chemin. »
Il n'eut pas de peine
À mettre le nez
Dessous le bonnet
Mais sa longue route
Soudain s'arrêta :
Une frêle goutte
Fut le résultat.

Ceux qui se figurent
Pouvoir ignorer
Tout de leur nature
N'ont plus qu'à pleurer.

Louis Delorme
in *La Comptinière*
Éditions du Brontosaure

Dominante :

Arts plastiques.

Objectifs :

- Comprendre la mise en images menant au poème.
- S'entraîner à la lecture expressive.
- Fabriquer un mini-livre.
- Imaginer une histoire sur le même thème et la mettre en images.

Déroulement de la séance

Avant la séance, photocopier puis découper la fiche élève correspondante.
Deux documents séparés pour chaque enfant :
– les six vignettes ;
– le texte intégral du poème.

1. Introduction du poème : Quelle histoire peut-on raconter avec ces images ?
2. Découverte et compréhension du poème.
3. Lecture expressive.
4. Lecture des noms de l'auteur, de l'ouvrage et de l'éditeur (voir biographie page 158).
5. Fabrication du mini-livre.
6. Écriture d'une autre histoire sur le thème.

■ Introduction du poème

Distribuer la partie « illustration » de la fiche élève (cinq vignettes « image » + une « texte »). Demander aux élèves de les découper et de les ordonner pour raconter une histoire.

Demander ensuite à quelques élèves de raconter l'histoire qu'ils viennent de reconstituer. Après chaque récit, la classe commente :

– « Tout le monde est-il d'accord avec l'ordre des images qui vient d'être proposé ? »
– « Tout le monde en a-t-il fait la même interprétation ? »

Ceux dont les avis divergent s'expriment et développent leur point de vue.

Ne pas prendre partie. Ne pas indiquer qui a tort ou qui a raison, puisque différentes histoires (pas forcément logiques puisqu'on est dans l'imaginaire) peuvent être construites à partir de ces images.

■■ Découverte du poème

Distribuer le texte intégral du poème. Les élèves le découvrent silencieusement. Puis, le lire une première fois à haute voix.

– « Y a-t-il des mots que vous ne comprenez pas ? » (Les expliquer.)
– « Que raconte ce poème ? »

Les enfants reformulent l'histoire.

– « Qu'en pensez-vous ? »

Les élèves donnent leurs impressions sur le texte.

« Qu'a voulu dire l'auteur ? », « Pourquoi l'exemple du flocon de neige est-il bien choisi ? »

– « Avez-vous trouvé l'ordre des images permettant de raconter cette histoire ? »

Les images sont reprises une à une, dans l'ordre du récit. Identifier la partie du texte correspondant à chacune d'elles.

Lecture expressive

Reprendre le texte correspondant à la première image.

– « Comment le lire ? »

Quelques élèves s'essaient à des interprétations différentes (sur un ton rapide et enjoué, lent et rêveur…).

– « Laquelle préférez-vous ? », « Pourquoi ? »

Chaque partie du texte est ainsi lue à haute voix.

Remarquer :
– que le texte correspondant aux quatre premières images peut être lu sur un ton gai et dynamique ;
– que le texte correspondant à la dernière image ne permet guère de conserver ce ton : l'aventure tourne mal pour le flocon et un ton grave semble de circonstance ;
– que la conclusion peut être lue d'une voix détachée ou moralisatrice…

Cette fragmentation du texte a permis de découvrir et d'expérimenter différentes interprétations. Terminer par une relecture complète du texte, en marquant bien les différences de ton entre chaque passage.

Lecture des noms de l'auteur, de l'ouvrage et de l'éditeur

Lors de l'identification de ces noms (cf. séquence 1), indiquer que ce poème a été écrit par Louis Delorme (nom qui sera écrit au tableau) et donner quelques informations sélectionnées dans la biographie de l'auteur, page 158. On pourra également se reporter à la séquence 11.

Le poème est ensuite collé sur la page de droite du cahier de poésie.

Fabrication du mini-livre

1 Organisation des pages du mini-livre

Les élèves organisent les pages de façon à fabriquer un petit livre.
Chaque image est présentée « de dos », de façon à permettre la copie :
– du titre et de l'auteur au dos de la première image ;
– du texte correspondant à l'image de la page de gauche pour les autres images.

Les pages sont ensuite numérotées de 1 à 12.

En feuilletant le livre, on trouve donc :

page 1	page 2	page 3	page 4	page 5	
le titre L'auteur	image 1	texte image 1	image 2	texte image 2	etc.
(dos : image 1)		(dos : image 2)		(dos : image 3)	

2 Fabrication d'une couverture

Distribuer une bande de papier à dessin à chaque élève. Celui-ci doit s'en servir pour faire la couverture du livre.

Préparer au préalable cette bande suivant le niveau de la classe :

– bande de 10 cm de longueur et de 7 cm de hauteur, que l'élève pliera simplement par le milieu ;
– bande plus large que l'élève devra découper à la bonne longueur/largeur en mesurant le format des pages.

Les feuilles du livre sont ensuite placées à l'intérieur du livre (attention à l'ordre), puis agrafées avec la couverture.

Le titre du poème et le nom de l'auteur sont repris sur la couverture, qui est ensuite illustrée librement.

3 Copie du texte

Suivant le niveau des élèves, proposer de copier la partie « texte » sur la page blanche, en face de chaque image.

Si cette copie pose trop de problèmes à certains élèves, on pourra leur proposer une photocopie des parties concernées, qu'ils pourront alors coller sur la page.

4 Rangement

Le mini-livre pourra être glissé dans un support que les élèves réaliseront sur une feuille de dessin et qui sera ensuite collé dans le cahier de poésie.

Écriture d'une autre histoire sur le thème

Suivant le niveau et la motivation des élèves, on pourra proposer à chaque élève (ou groupe d'élèves) d'écrire une nouvelle histoire sur le thème (l'écriture d'un vrai poème semble en effet bien contraignante dans ce cas précis).

Commencer donc par chercher des « couples » se prêtant à ce type d'histoire (ex. : la gazelle et le lion, la mouche et l'araignée, le papillon et le feu, l'iceberg et le soleil, l'éponge et la goutte d'eau).

Écrire ensuite une petite histoire simple dans laquelle l'un croira pouvoir se réfugier auprès de l'autre...

Cette histoire pourra également faire l'objet d'un mini-livre.

Le Flocon

Venant de Norvège,
Un flocon de neige
Qui volait au vent
S'en allait rêvant.
Voyant une fille
D'allure gentille
Par le Nord giflée
Bien emmitouflée
D'un bonnet de laine.
Il se dit : « Ma veine !
De la bonne aubaine
Si je profitais pour me camoufler
Et me réchauffer.
J'attendrais demain
Pour continuer tout ce long chemin. »
Il n'eut pas de peine
À mettre le nez
Dessous le bonnet
Mais sa longue route
Soudain s'arrêta :
Une frêle goutte
Fut le résultat.
Ceux qui se figurent
Pouvoir ignorer
Tout de leur nature
N'ont plus qu'à pleurer.

Louis Delorme
in *La Comptinière*
Éditions du Brontosaure

Ceux qui se figurent
Pouvoir ignorer
Tout de leur nature
N'ont plus qu'à pleurer.

La Biche

La biche brame au clair de lune
Et pleure à se fondre les yeux :
Son petit faon délicieux
A disparu dans la nuit brune.

Pour raconter son infortune
À la forêt de ses aïeux,
La biche brame au clair de lune
Et pleure à se fondre les yeux.

Mais aucune réponse, aucune,
À ses longs appels anxieux !
Et, le cou tendu vers les cieux,
Folle d'amour et de rancune,
La biche brame au clair de lune.

Maurice Rollinat
Bibliothèque Charpentier

Dominante :

Expression orale.

Objectifs :

- S'entraîner à la lecture expressive.
- Expérimenter une méthode de mémorisation du texte.
- Donner du sens à l'illustration.

Déroulement de la séance

Avant la séance, photocopier puis découper la fiche élève correspondante.
Trois documents séparés pour chaque enfant :
– la version réduite du poème ;
– la version intégrale ;
– les illustrations.

1. Découverte de la version réduite du poème.
2. Lecture expressive.
3. Lecture du nom de l'auteur (voir biographie page 158).
4. Mémorisation progressive du texte.
5. Collage du texte dans le cahier.
6. Travail sur l'illustration.

Découverte de la version réduite du poème

❶ Compréhension globale

Distribuer la version réduite du poème. Demander aux élèves d'en prendre connaissance et de ne rien écrire sur la feuille.

Après un temps de lecture silencieuse, poser les questions suivantes :

– « Quels sont les mots que vous ne comprenez pas ? » (Les expliquer.)

– « De quoi parle ce poème ? »

Les élèves tentent de répondre. Bien que l'absence de nombreux mots parasite la compréhension du texte, il est possible d'en dégager l'idée générale : une biche appelle son faon qui s'est égaré…

2 Reconstitution de la première strophe

Proposer à un élève de lire à haute voix la première strophe du poème. Ce lecteur comble les « trous » avec des mots de son choix.

« Qu'en pensez-vous ? », « Les mots sont-ils bien choisis ? »,
« Pourquoi ? », « Quels autres mots pourrait-on utiliser ? »

Lire ensuite à haute voix la version originale de la strophe.

« Correspond-elle à la version donnée par la classe ? »

3 Reconstitution des deuxième et troisième strophes

Suivre la même démarche pour les strophes suivantes :
– lecture à haute voix par un élève ;
– critique du choix des mots ;
– lecture à haute voix de la strophe par l'enseignant.

Lecture expressive

Distribuer la version originale du poème, qui est relu à haute voix.

– « Que pensez-vous de cette situation ? »

– « Quel est l'état d'esprit de la biche ? »

– « Comment le rendre par le ton de la voix ? »

Un premier élève s'essaie à une interprétation du poème, que la classe commente.

– « A-t-il bien lu ? »

– « Sur quels mots a-t-il hésité ? », « Pourquoi ? »

(On s'entraîne à lire ces mots à haute voix.)

– « A-t-il fait les liaisons ? »

(Elles peuvent être discrètement notées sur le texte.)

– « A-t-il respecté la ponctuation ? »

(Particulièrement les deux premiers vers de la dernière strophe.)

– « A-t-il donné à sa lecture un ton correspondant à la situation décrite ? »

Plusieurs élèves se succèdent, chacun essayant de tirer parti des remarques faites à ceux qui l'ont précédé. On pourra proposer d'essayer différents tons :
– Le ton « récitant » (L'élève dit son texte sans aucune émotion.) ;
– Le ton larmoyant (Surtout pour la dernière strophe.) ;
– Le ton révolté (Le récitant veut convaincre la classe d'aider la biche à retrouver son faon.) ;
– Le ton ironique ;
– Le ton « chantant » (Éventuellement sur un air connu.), etc.

■■■ Suggestion pour un spectacle (de fin d'année par exemple)

La classe dresse une liste de « tons ». Chaque élève en tire un au sort. Il doit s'entraîner à dire le texte (ou plus simplement la première et la dernière strophe) en adoptant le ton indiqué.
Cette succession d'interprétations variées d'un même texte peut constituer un épisode intéressant d'un spectacle d'enfants.

■■■■ Lecture du nom de l'auteur

Donner quelques informations sélectionnées dans la biographie de l'auteur, page 158.

■■■■■ Mémorisation progressive du texte

Les élèves travaillent à nouveau sur la version « réduite » du texte.

1 Mémorisation de la version réduite
Demander aux élèves de s'intéresser à la première strophe du poème et donner les consignes suivantes :

- « Lisez une fois cette première strophe et essayant d'"imprimer" le texte dans votre mémoire. »
- « Avec votre crayon à papier, barrez un mot dans chaque vers (celui que vous voulez). On ne doit plus pouvoir lire ce mot. »
- « Relisez cette première strophe en faisant appel à votre mémoire pour retrouver les mots barrés. »
- « Si vous retrouvez tous les mots barrés, bravo ! Vous pouvez barrer un deuxième mot dans chaque vers et recommencer l'opération. »
- « Si vous ne vous souvenez pas d'un ou de plusieurs des mots barrés, relisez le poème dans sa version initiale pour les retrouver. Entraînez-vous ensuite à relire plusieurs fois cette première strophe afin de bien marquer ces mots dans votre mémoire. »

« Ce n'est que lorsque vous aurez mémorisé les mots barrés que vous pourrez en barrer d'autres. »

Cette première strophe est ainsi mémorisée lors d'une activité collective en classe. Les élèves barrent progressivement les mots jusqu'à ce qu'il n'y en ait plus un seul de lisible. Quelques élèves viennent ensuite au tableau pour réciter la première strophe (si possible de façon expressive), sans l'aide du texte.

2 Mémorisation de l'ensemble du poème
Les strophes suivantes seront mémorisées de la même façon, soit en classe au cours de séances prévues à cet effet, soit à la maison ou en étude surveillée.

Collage du texte dans le cahier

Indiquer que les textes vont être collés sur la page de droite du cahier de poésie de la façon suivante :
– la version réduite est collée sur la page du cahier ;
– le texte original se superpose au texte réduit et n'est collé qu'en partie, dans la marge. Il est ainsi possible de passer de l'un à l'autre simplement en tournant la page.

Travail sur l'illustration

Demander aux élèves s'ils sont satisfaits par la fin du poème : la biche brame et ne retrouve pas son faon…
En général, les élèves émettent le souhait de voir une autre fin, dans laquelle la biche retrouverait son petit.

Distribuer alors l'illustration sur laquelle on aperçoit :
– la biche et le faon, qui est en fait peu éloigné de sa mère ;
– un élément de paysage isolé de l'illustration principale.

« Comment utiliser cette illustration pour suggérer une fin heureuse ? »
Les élèves font des remarques, que l'ensemble de la classe commente.
Les guider vers cette interprétation :
– « Dans le poème, la biche ne voit pas son faon alors que sur l'illustration, il n'est pas loin… »
– « Si elle ne le voit pas, c'est peut-être parce qu'il est caché (perdu…) dans des buissons… »
– « Si on place l'élément isolé (broussailles) sur le faon, on ne le voit plus (ou presque plus), mais on est rassuré parce qu'on sait qu'il est là… »
– « Il faut donc découper cet élément et le coller sur le faon… mais il ne faut pas le coller complètement parce qu'on peut avoir envie de le voir… »

L'élément isolé devient alors une broussaille cachant le faon, mais pouvant être rabattue afin de le remettre en vue. Aider les élèves lors de la réalisation de ce montage :
– découper l'élément ;
– le placer sur l'illustration, de façon à cacher tout ou partie du faon ;
– ne le coller qu'à la base, afin de pouvoir le rabattre pour voir le petit ;
– mettre en couleur afin de faire « disparaître » le montage.

La Biche

Version réduite

La Biche

La biche brame au clair de ....
Et pleure à se .... les yeux :
Son .... faon délicieux
A disparu dans la .... brune.

Pour .... son infortune
À la forêt de ses aïeux,
La biche .... au clair de lune
Et .... à se fondre les yeux.

Mais .... réponse, aucune,
À ses longs .... anxieux !
Et, le .... tendu vers les cieux,
Folle d' .... et de rancune,
La .... brame au clair de lune.

Maurice Rollinat
Bibliothèque Charpentier

La Biche

La biche brame au clair de lune
Et pleure à se fondre les yeux :
Son petit faon délicieux
A disparu dans la nuit brune.

Pour raconter son infortune
À la forêt de ses aïeux,
La biche brame au clair de lune
Et pleure à se fondre les yeux.

Mais aucune réponse, aucune,
À ses longs appels anxieux !
Et, le cou tendu vers les cieux,
Folle d'amour et de rancune,
La biche brame au clair de lune.

Maurice Rollinat
Bibliothèque Charpentier

Pour mon papa

J'écris le mot agneau
Et tout devient frisé :
La feuille du bouleau,
La lumière des prés.

J'écris le mot étang
Et mes lèvres se mouillent ;
J'entends une grenouille
Rire au milieu des champs.

J'écris le mot forêt
Et le vent devient branche.
Un écureuil se penche
Et me parle en secret.

Mais si j'écris papa,
Tout me devient caresse,
Et le monde me berce
En chantant dans ses bras.

Maurice Carême
in *La Cage aux grillons*

Dominante :

Production d'écrits.

Objectifs :

- Préciser la structure d'un poème.
- Adapter la strophe finale.
- Réécrire l'ensemble du poème.

Déroulement de la séance

Avant la séance, photocopier puis découper la fiche élève correspondante.
Un seul document pour chaque enfant : le texte du poème.

1. Introduction du poème : Souvenons-nous des cadeaux que nous avons faits…
2. Découverte et analyse du poème.
3. Lecture des noms de l'auteur, de l'ouvrage et de l'éditeur.
4. Adaptation de la strophe finale.
5. Écriture de nouvelles strophes « à la manière de ».

Introduction du poème

Demander aux élèves de se souvenir de ce qu'ils ont déjà eu l'occasion de faire à l'école (y compris en maternelle) pour la fête des Mères et la fête des Pères. Les élèves indiquent et commentent les différents cadeaux réalisés à ces occasions (objets, textes, poèmes qu'ils essaient de réciter…).

Les informer ensuite qu'il va leur être distribué un texte qu'un poète a écrit pour son père.

Découverte et analyse du poème

1 Lecture du texte

Distribuer le poème et laisser les élèves le découvrir silencieusement. Le lire ensuite à haute voix.

2 Compréhension du texte

– « De quoi parle ce poème ? »
– « Qui peut relire la première strophe ? »

Un élève la relit à haute voix.

– « Pourquoi tout devient-il frisé ? », « Qu'est-ce qu'un bouleau ? », « Que pensez-vous de cette strophe ? »

Relire la deuxième strophe.

« Pourquoi les lèvres se mouillent-elles ? »

Noter l'association « étang / se mouillent » et relever également « agneau / frisé », « forêt / branche », « papa / caresse ».

Relire la troisième strophe.

« Qu'en pensez-vous ? »

Certains élèves pourront ne pas être sensibles à la mélodie du texte. Indiquer alors qu'il n'est pas obligatoire de chercher du sens (comment le vent deviendrait-il branche ?) mais qu'on peut se laisser charmer par la musique des mots. Essayer alors différentes lectures « mélodieuses » de cette strophe.

Relire la dernière strophe.

« Que dévoile-t-elle des sentiments de l'auteur pour son père ? »

Laisser les élèves s'exprimer librement sur ce thème, en gardant à l'esprit que cette relation père/fils n'est sans doute pas vécue de la même façon par tous les enfants de la classe.

Il conviendra donc d'être vigilant et de ne pas présenter cette relation comme un modèle, mais comme un témoignage.

Lecture des noms de l'auteur, de l'ouvrage et de l'éditeur

Lors de l'identification de ces noms (cf. séquence 1), sélectionner, dans la biographie de l'auteur page 157, les informations adaptées à la classe.

Le poème est ensuite découpé et collé sur la page de droite du cahier de poésie. Pendant ce temps, copier la dernière strophe au tableau.

Adaptation de la strophe finale

1 Phase collective

- **Observation de la dernière strophe copiée au tableau**

– « Combien y a-t-il de vers ? »

– « Avez-vous repéré les rimes ? » (Celles-ci sont soulignées en couleur.)

– « Combien y a-t-il de pieds par vers ? »

Chaque vers est relu à haute voix et les pieds comptés « avec les doigts ». On trouve six pieds par vers (nombre noté au tableau).

– « À qui d'autre pourrait-on écrire une strophe comme celle-ci ? »

Les élèves font différentes propositions, qui seront notées au tableau. On trouvera, bien sûr, « maman », mais peut-être aussi d'autres personnes à qui certains élèves aimeraient montrer leur affection (une tante, un oncle, une cousine...). Il s'agira alors de « traiter » ces cas particuliers avec autant d'attention que pour la proposition « maman », qui est développée ci-dessous.

La proposition « maman » étant probablement majoritaire, on pourra la traiter collectivement avant de passer aux cas particuliers, qui nécessiteront une recherche de rimes distincte.

- **Réécriture du premier vers au tableau en remplaçant « papa » par « maman »**

– « Faut-il changer le deuxième vers ? », « Pourquoi ? »

– « Faut-il modifier le troisième vers ? »

– « Faut-il changer le quatrième vers ? »

Ce quatrième vers doit bien sûr être changé puisque la rime ne fonctionne plus.

Demander alors aux élèves de rechercher et de noter des mots en « an » dans leur cahier de brouillon. Élargir la recherche en notant au tableau les différentes graphies du son [ã] : « an », « ant », « ent ».

- **Collecte des mots trouvés**

Les mots trouvés par les élèves sont notés au tableau. Ils serviront de réserve dans laquelle les élèves pourront puiser lors de l'écriture de leur strophe.

À titre indicatif, voici quelques mots pouvant faire rime avec « maman » : « chenapan, élan, ouragan, ruban, blanc, gourmand, océan, attachant, méchant, prudent, enfant, élégant, charmant, diamant, dormant, amoureusement, frémissement, attachement, compliment, éblouissement, ravissement, remerciement, affectueusement, carrément, délicatement, passionnément, totalement, vraiment... ».

- **Lecture de la strophe avec les mots proposés**

Un essai est mené collectivement avec un des mots de la liste.

« Modifie-t-il le nombre de pieds ? », « Si oui, comment faire pour revenir à six ? »

Les élèves font des propositions qui sont commentées par l'ensemble de la classe. En cas d'impasse, faire un nouvel essai avec un autre mot.

On pourra encourager les élèves à s'éloigner de l'ambiance « affectueuse » de la strophe originale pour s'orienter vers une version plus humoristique (voire impertinente).

Mené collectivement, ce travail de recherche permettra ensuite aux élèves de connaître la marche à suivre pour composer leur propre texte.

2 Phase écrite individuelle

Proposer à chaque élève de transformer cette dernière strophe en utilisant un mot de son choix. Quelques exemples pourront être lus à haute voix.

Écriture de nouvelles strophes « à la manière de »

Suivant le succès rencontré au cours de la réécriture de la dernière strophe, on pourra se lancer dans l'écriture de nouvelles strophes menant à la réalisation collective d'un nouveau poème.

On pourra, pour cela :

- établir une liste de mots destinés à être employés dans le premier vers de chaque strophe (« J'écris le mot… ») ;
- faire en parallèle une liste de mots faisant rime ;
- regrouper les élèves par équipes de trois ou quatre, chacune des équipes ayant en charge l'écriture d'une strophe ;
- faire lire à haute voix les strophes ainsi réalisées, les améliorer collectivement, puis les regrouper sur un affichage ;
- proposer à chaque élève de choisir les strophes qui lui plaisent, afin de composer un poème original qu'il copiera sur la page de gauche de son cahier de poésie.

Ce « nouveau » poème, certes inspiré par un texte de Maurice Carême mais constitué de strophes originales dans lesquelles l'élève se sera investi, pourra être copié sur une carte « fête des pères » ou « fêtes des mères ». L'enfant pourra ainsi produire un texte à la fois personnel et collectif qu'il sera fier de réciter.

Pour mon papa

Pour mon papa

J'écris le mot agneau
Et tout devient frisé :
La feuille du bouleau,
La lumière des prés.

J'écris le mot étang
Et mes lèvres se mouillent ;
J'entends une grenouille
Rire au milieu des champs.

J'écris le mot forêt
Et le vent devient branche.
Un écureuil se penche
Et me parle en secret.

Mais si j'écris papa,
Tout me devient caresse,
Et le monde me berce
En chantant dans ses bras.

Maurice Carême
in *La Cage aux grillons*
© Fondation Maurice Carême

Pour mon papa

J'écris le mot agneau
Et tout devient frisé :
La feuille du bouleau,
La lumière des prés.

J'écris le mot étang
Et mes lèvres se mouillent ;
J'entends une grenouille
Rire au milieu des champs.

J'écris le mot forêt
Et le vent devient branche.
Un écureuil se penche
Et me parle en secret.

Mais si j'écris papa,
Tout me devient caresse,
Et le monde me berce
En chantant dans ses bras.

Maurice Carême
in La Cage aux grillons
© Fondation Maurice Carême

Pour mon papa

J'écris le mot agneau
Et tout devient frisé :
La feuille du bouleau,
La lumière des prés.

J'écris le mot étang
Et mes lèvres se mouillent ;
J'entends une grenouille
Rire au milieu des champs.

J'écris le mot forêt
Et le vent devient branche.
Un écureuil se penche
Et me parle en secret.

Mais si j'écris papa,
Tout me devient caresse,
Et le monde me berce
En chantant dans ses bras.

Maurice Carême
in La Cage aux grillons
© Fondation Maurice Carême

Le Pélican

Le capitaine Jonathan,
Étant âgé de dix-huit ans,
Capture un jour un pélican
Dans une île d'Extrême-Orient.

Le pélican de Jonathan,
Au matin, pond un œuf tout blanc
Et il en sort un pélican
Lui ressemblant étonnamment.

Et ce deuxième pélican
Pond, à son tour, un œuf tout blanc
D'où sort, inévitablement,
Un autre qui en fait autant.

Cela peut durer pendant très longtemps
Si l'on ne fait pas d'omelette avant.

Robert Desnos
in *Chantefables et Chantefleurs*

Dominante :

Arts plastiques.

Objectifs :

- Reconstruire le poème.
- Mettre le texte et l'image en scène à l'aide d'un collage

Déroulement de la séance

Avant la séance, photocopier puis découper la fiche élève correspondante.
Deux documents séparés pour chaque enfant :
– le texte linéaire du poème ;
– l'illustration.

1. Introduction du poème : Qu'est-ce qu'un pélican ?
2. Découverte et reconstruction du poème.
3. Lecture des noms de l'auteur, de l'ouvrage et de l'éditeur (voir biographie page 158).
4. Travail sur l'illustration (montage et copie du poème).

Introduction du poème

Informer les élèves qu'il va leur être distribué un poème intitulé : *Le Pélican.* Écrire ce nom au tableau et demander aux élèves de préciser le sens de ce mot. Ils peuvent bien sûr avoir recours au dictionnaire.

Découverte et reconstruction du poème

1 Lecture linéaire du poème

Distribuer le texte linéaire du poème. Demander aux élèves de le lire silencieusement et de noter (dans le cahier de brouillon, par exemple) les mots ou expressions qu'ils ne comprennent pas.

Après quelques minutes, expliquer les mots que les élèves ont notés. Lire ensuite le texte à haute voix et poser quelques questions destinées à en vérifier la compréhension :

« De quoi parle ce texte ? », « Quels sont les personnages ? »,
« Que se passe-t-il ? »

Les élèves reformulent oralement l'histoire.

2 Reconstruction collective de la première strophe

Demander aux élèves s'ils pensent que ce texte est « présenté » comme un poème.

« Y a-t-il des vers ? des rimes ? des strophes ? »

Indiquer alors que le poète a présenté son texte de façon différente de celle que l'on vient de lire. Il a fait des rimes et des strophes.

« Peut-on essayer de les retrouver ? »

La première phrase est copiée au tableau, puis lue à haute voix.

« Peut-on donner un rythme à cette lecture ? », « Y a-t-il des sons que l'on retrouve en plusieurs endroits de la phrase ? »

Sur proposition de la classe, préciser les rimes et le rythme avec des craies de couleur, directement sur la phrase écrite au tableau.

Le capitaine Jonathan, / étant âgé de dix-huit ans, / capture un jour un pélican / dans une île d'Extrême- Orient. /

Demander ensuite à quelques élèves de relire cette phrase en marquant bien le rythme et en insistant sur les rimes.

« Comment écrire cette phrase de façon à respecter la présentation "classique" d'une poésie ? »

Les élèves font des propositions qui aboutissent à la réécriture de cette première strophe au tableau :

Le capitaine Jonathan
Étant âgé de dix-huit ans,
Capture un jour un pélican
Dans une île d'Extrême-Orient.

Indiquer qu'il s'agit bien de la première strophe du poème. Préciser que chaque vers commence par une majuscule.

« Combien y a-t-il de pieds (ou de syllabes si le mot "pied" n'a pas été introduit dans une séance précédente) dans chaque vers ? »

Les élèves en font le compte « avec les doigts », compte qui est vérifié collectivement à l'aide d'une lecture à haute voix.

On trouve huit pieds par vers (cette information est écrite au tableau).

3 Reconstruction individuelle écrite du reste du poème

Demander aux élèves de reconstruire le reste du poème sur leur cahier de brouillon. Préciser une nouvelle fois que :
– les strophes sont formées de quatre vers ;
– chaque vers compte huit pieds ;
– les vers riment ;
– chaque vers commence par une majuscule.

4 Mise en commun

Les élèves comparent leurs travaux.

– « Tout le monde est-il d'accord sur les retours à la ligne ? »
– « Sur la séparation des strophes ? »
– « Comment chacun a-t-il "traité" la conclusion (qui fait deux vers de dix pieds) ? »

Le poème ainsi remis en forme est relu à haute voix.

Lecture des noms de l'auteur, de l'ouvrage et de l'éditeur

Lors de l'identification de ces noms (cf. séquence 1), indiquer que ce poème a été écrit par Robert Desnos (nom qui sera écrit au tableau). Donner quelques informations sélectionnées dans la biographie de l'auteur, page 158.

Travail sur l'illustration

1 Observation

Distribuer l'illustration (les quatre œufs). Les élèves en prennent connaissance.

– « Que voyez-vous ? » (Les dessins sont décrits à haute voix.)
– « Comment les dessins sont-ils entourés ? »
Par un trait noir en forme d'œuf
– « À quoi cela vous fait-il penser ? »
– « Quel rapport y a-t-il avec le poème sur lequel nous venons de travailler ? »
– « Y a-t-il le texte du poème ? »
Non !
– « Comment allons-nous utiliser cette illustration ? »

2 Découpage

Les élèves ont sûrement remarqué que les illustrations sont entourées d'une forme qui représente un œuf. Proposer alors de les découper en suivant les traits noirs (donc sans couper la languette, qui servira de patte de collage).

3 Repérage

« Une fois les œufs découpés, comment les ordonner pour retrouver la chronologie de l'histoire ? »

Chaque élève place les quatre œufs devant lui, dans l'ordre du récit.

« Où va-t-on écrire le titre du poème ? »

Puisqu'il n'y a pas de place côté « illustration », il faudra l'écrire sur la face blanche du premier œuf.

Chaque élève prend donc ce premier œuf, le retourne et écrit au crayon à papier, sans appuyer (en vue d'éventuelles modifications de mise en page ultérieures) :

– le titre du poème ;
– le nom de l'auteur et de l'éditeur ;
– le numéro de page (1).

« Où va-t-on écrire la première strophe ? »

De la même façon, les élèves repèrent la face blanche du deuxième œuf. Ils y inscrivent « strophe 1 » ainsi que le numéro de page (3).

La même démarche est suivie pour les deuxième et troisième strophes.

Faire remarquer qu'il n'y a pas de face blanche pour la conclusion, mais que deux lignes ont été prévues sous l'illustration correspondante.

4 Copie des strophes

Après avoir vérifié que la fonction et le numéro de chaque page ont bien été repérés, proposer aux élèves de recopier le poème sur « les œufs » (une strophe par page, comme précisé précédemment).

Les illustrations peuvent ensuite être mises en couleur.

5 Montage, collage

Guider les élèves dans la réalisation du montage. On obtient un « œuf » de quatre feuilles.

Cet œuf pourra être glissé dans un « nid » que les élèves réaliseront sur une feuille de dessin et qui sera ensuite collé dans le cahier de poésie.

Le Pélican

Le capitaine Jonathan, étant âgé de dix-huit ans, capture un jour un pélican dans une île d'Extrême-Orient. Le pélican de Jonathan, au matin, pond un œuf tout blanc et il en sort un pélican lui ressemblant étonnamment. Et ce deuxième pélican pond, à son tour, un œuf tout blanc d'où sort, inévitablement, un autre qui en fait autant. Cela peut durer pendant très longtemps si l'on ne fait pas d'omelette avant.

Robert Desnos
in *Chantefables et Chantefleurs*

L'Arbre

Perdu au milieu de la ville
L'arbre tout seul, à quoi sert-il ?

Les parkings, c'est pour stationner,
Les camions pour embouteiller,
Les motos pour pétarader,
Les vélos pour se faufiler.

L'arbre tout seul, à quoi sert-il ?

Les télés, c'est pour regarder,
Les transistors pour écouter,
Les murs pour la publicité,
Les magasins pour acheter.

L'arbre tout seul, à quoi sert-il ?

Les maisons, c'est pour habiter,
Le béton pour embétonner,
Les néons pour illuminer,
Les feux rouges pour traverser.

L'arbre tout seul, à quoi sert-il ?

Les ascenseurs, c'est pour grimper,
Les Présidents pour présider,
Les montres pour se dépêcher,
Les mercredis pour s'amuser.

L'arbre tout seul, à quoi sert-il ?

Il suffit de le demander
À l'oiseau qui chante à sa cime.

Jacques Charpentreau
in *La Ville enchantée*

Dominante :

Expression orale.

Objectifs :

- Mémoriser un texte long à l'aide d'un support visuel.
- S'entraîner à la lecture expressive.

Déroulement de la séance

Avant la séance, photocopier puis découper la fiche élève correspondante.
Deux documents séparés pour chaque enfant :
– le texte ;
– l'arbre et ses symboles.

1. Introduction du poème : Que répondre à la question du poète ?
2. Découverte du poème.
3. Caractéristiques techniques du poème (vocabulaire poétique).
4. Lecture des noms de l'auteur, de l'ouvrage et de l'éditeur (voir biographie page 157).
5. Lecture expressive.
6. Mémorisation du texte à l'aide du support visuel.
7. Mise en scène du poème.

■ Introduction du poème

Écrire les deux premiers vers du poème au tableau :

« Perdu au milieu de la ville
L'arbre tout seul, à quoi sert-il ? »

Proposer aux élèves de répondre à cette question et les laisser s'exprimer librement. Indiquer ensuite qu'un poète a répondu à cette question dans un texte qui va leur être distribué.

■■ Découverte du poème

1. Distribuer le poème aux élèves. Leur demander de le lire et de noter (dans le cahier de brouillon, par exemple) les mots qu'ils ne connaissent pas.

2. Expliquer (avec l'aide de la classe) les mots notés par les élèves.

3. Lire le texte à haute voix et poser ensuite quelques questions destinées à éclaircir cette lecture :
   - « De quoi parle ce texte ? »
   - « Quelle est la question posée par l'auteur ? »
   - « Comment y répond-il ? »
   - « Que pensez-vous de cette réponse ? »

■■■ Caractéristiques techniques du poème

Attirer l'attention des élèves sur la construction de ce poème. Remarquer, par exemple :
– les deux premiers vers d'introduction de huit pieds ;
– les quatre strophes composées chacune de quatre vers de huit pieds ;

– le vers « question » (huit pieds également), qui revient régulièrement entre chaque strophe et rythme le texte ;
– la conclusion, de deux vers de huit pieds, qui vient terminer l'« encadrement » du poème (introduction en haut, conclusion en bas).

Remarquer également que tous les vers de chaque strophe riment ensemble. Cela sera utile lors de la lecture expressive.

Lecture des noms de l'auteur, de l'ouvrage et de l'éditeur

Après l'identification de ces noms (cf. séquence 1), le poème est découpé et collé sur la page de droite du cahier.

Lecture expressive

Proposer aux élèves de s'entraîner à lire de façon expressive les sept premiers vers du poème (introduction, première strophe et question).
Demander ensuite à un élève de faire une première lecture de ce passage à haute voix.
La classe commente et s'essaie librement à différentes interprétations :

– « Comment lire l'introduction ? »

On peut imaginer différents tons : lent, presque pathétique, ou bien contestataire (comme si celui qui pose la question voulait se débarrasser de cet arbre inutile).

– « Comment lire la première strophe ? »

Là encore, différentes options sont envisageables : ton calme et explicatif, ton énervé de celui qui dit des évidences…

– « Comment lire la question ? »

On pourra reprendre le ton donné à l'introduction, ou bien suggérer une évolution (mais c'est plutôt en fin de texte que la classe en aura peut-être l'idée…) : au début, le narrateur pense que l'arbre ne sert à rien (donc, il utilise un ton péremptoire), mais il doute progressivement de la pertinence de sa position et finit par comprendre que l'arbre a un rôle vital (donc il utilisera un ton plus modéré).

Une fois que ce début de texte a été « bien » lu (c'est-à-dire que différentes interprétations ont été explorées et que chaque élève a pu choisir celle qui lui convenait), demander à quelques élèves de faire une lecture complète du poème.
On pourra, à cette occasion :
– demander à un seul élève de lire l'ensemble du texte ;
– demander à un élève de ne lire que l'introduction, les questions et la conclusion, tandis qu'un autre ne lit que les strophes (ou bien répartir la lecture des strophes sur quatre élèves).

Proposer ensuite aux élèves d'apprendre le texte afin de le « dire » et non de le « lire ». Cette proposition risque d'inquiéter la classe, car le texte est relativement long.

Mémorisation du texte à l'aide du support visuel

Distribuer la partie « arbre » de la fiche élève. Laisser la classe en prendre connaissance puis poser quelques questions destinées à vérifier la compréhension et l'utilité du document :

- « Que représente ce document ? », « Quel rapport existe-t-il avec le texte ? »
- « Comment s'en servir ? »

Indiquer que les mots peuvent aider à la mémorisation du texte.
La forme de l'arbre permet de « cacher » les mots lors de la « lecture » du texte face à la classe : l'élève tient l'arbre devant lui, à hauteur des yeux. Il voit la série de mots (ce qui l'aide à dire son texte), alors que la classe ne la voit pas (elle ne voit que le côté « arbre » qui a été mis en couleur).

Laisser ensuite les élèves s'entraîner à lire et à mémoriser progressivement le poème à l'aide des mots et du texte. Il n'est pas question d'apprendre l'ensemble du poème au cours de cette séance, mais on peut « s'amuser » à en « dire » le début face à la classe, uniquement à l'aide de l'arbre.

L'arbre est ensuite mis en couleur et placé dans le cahier de poésie. On pourra le maintenir en place à l'aide d'un anneau en papier collé sur la page et dans lequel glissera le tronc.

Le texte intégral du poème pourra ainsi être mémorisé dans le cours de la semaine.

Mise en scène du poème

Lorsque les élèves connaîtront bien le texte, on pourra s'amuser à le mettre en scène.

Par exemple :
Cinq comédiens (un pour l'introduction, les questions et la conclusion, un pour chaque strophe).
L'élève chargé des questions est un peu « lunaire ». Il ne s'adresse pas à la classe mais semble se parler à lui-même.
Les élèves chargés des strophes sont au contraire énergiques. Ils parlent fort et s'adresse directement à la classe en faisant de grands gestes destinés à appuyer leur discours.
Lors de la conclusion, chacun des comédiens fait « voler » à bout de bras un oiseau de papier qui vient se poser sur l'arbre tenu par l'enfant « lunaire ».

L'Arbre

Perdu au milieu de la ville
L'arbre tout seul, à quoi sert-il ?

Les parkings, c'est pour stationner,
Les camions pour embouteiller,
Les motos pour pétarader,
Les vélos pour se faufiler.

L'arbre tout seul, à quoi sert-il ?

Les télés, c'est pour regarder,
Les transistors pour écouter,
Les murs pour la publicité,
Les magasins pour acheter.

L'arbre tout seul, à quoi sert-il ?

Les maisons, c'est pour habiter,
Le béton pour embétonner,
Les néons pour illuminer,
Les feux rouges pour traverser.

L'arbre tout seul, à quoi sert-il ?

Les ascenseurs, c'est pour grimper,
Les Présidents pour présider,
Les montres pour se dépêcher,
Les mercredis pour s'amuser.

L'arbre tout seul, à quoi sert-il ?

Il suffit de le demander
À l'oiseau qui chante à sa cime.

Jacques Charpentreau
in *La Ville enchantée*

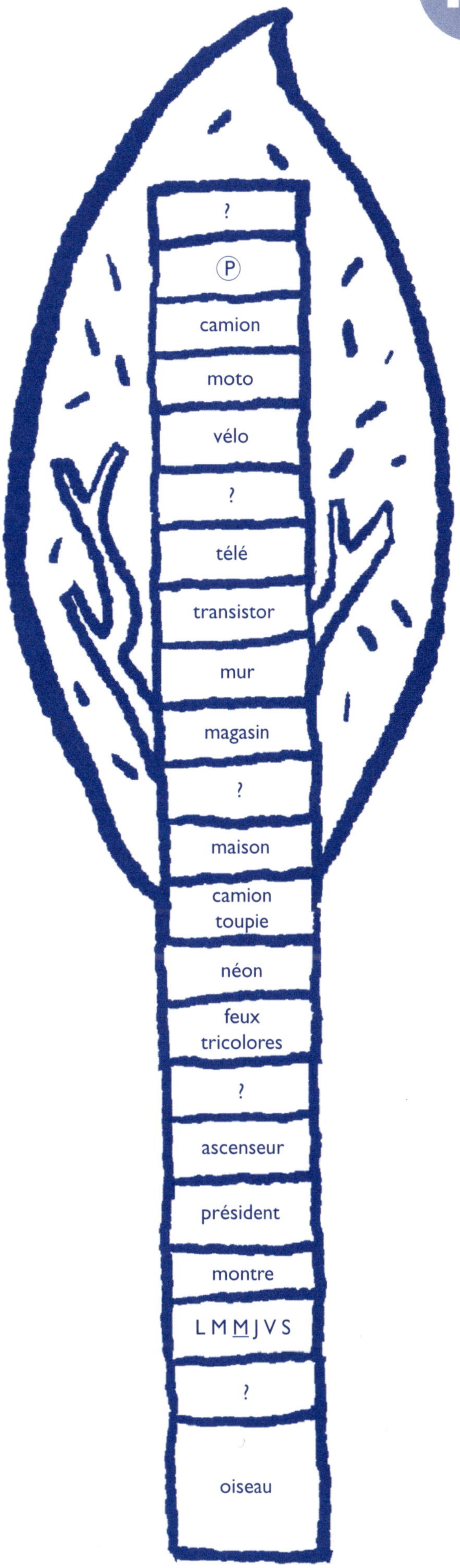

Ludovic

Pacrostiche

On Le cherche partout !
Est-il soUs le lit ?
Ou bien Dans l'armoire ?
A-t-il pris la brOuette de pépé
ou le Vélo de mémé ?
Enfin le voIci !
Mon petit frère Chéri
Il s'appelle ......

Acrostiche

Larmoyant ? Parfois !
Unique ? Sûrement !
Docile ? Jamais !
Obéissant ? Quelquefois...
Vantard ? Souvent !
Insupportable ? Certainement !
Charmant ? Toujours !

Dominante :

Production d'écrits.

Objectifs :

- Comprendre la technique du pacrostiche puis de l'acrostiche.
- Écrire deux textes avec un autre prénom.

Déroulement de la séance

Avant la séance, photocopier puis découper la fiche élève correspondante.
Deux documents séparés pour chaque enfant :
– le pacrostiche ;
– l'acrostiche.

1. Découverte et compréhension de la technique du pacrostiche.
2. Découverte et compréhension de la technique de l'acrostiche.
3. Réalisation d'un recueil collectif.

Découverte et compréhension de la technique du pacrostiche (premier texte)

Remarque : cette technique, non encore répertoriée (le mot « pacrostiche » n'existe pas officiellement), est une déclinaison de l'acrostiche bien connu. Elle est proposée ici car très accessible à des élèves de CE2/CM1.

❶ Phase orale collective

Distribuer le premier texte et laisser la classe en prendre connaissance. Un des élèves le lit ensuite à haute voix.
Puis, poser quelques questions destinées à recueillir les impressions :

- « Que pensez-vous de ce texte ? »
- « De qui parle-t-il ? »
- « Avez-vous compris son mécanisme ? »

La classe précise qu'il y a une lettre en capitale dans chaque phrase, et que l'ensemble de ces lettres forme le prénom de l'enfant dont on parle.
Indiquer qu'un texte composé avec cette technique s'appelle un pacrostiche.

Le texte est ensuite découpé et collé dans le cahier de poésie (en laissant de la place en dessous si l'écriture d'un pacrostiche personnel a été prévue).

❷ Phase écrite collective

Proposer à la classe de réaliser collectivement un pacrostiche.
« Par quoi faut-il commencer ? »
Les élèves indiquent qu'il faut d'abord choisir un prénom. Préciser que l'on peut aussi choisir le nom d'un animal, d'une ville, d'un pays…
Écrire, par exemple, le mot « LAPIN » au tableau, verticalement et en capitales d'imprimerie.

La classe recherche une phrase évoquant le lapin et dont un des mots contient la lettre L.

Par exemple : « Il a de grandes oreiLles. »

Écrire la phrase donnée au tableau en y intégrant la lettre L, puis passer à la deuxième lettre, et ainsi de suite.

Chercher ensuite une phrase finale permettant de retrouver le mot « LAPIN ».

Par exemple : « C'est mon petit… »

❸ Phase écrite individuelle

Chaque élève réalise ensuite un pacrostiche personnel sur une feuille volante (ou sur son cahier de brouillon). Une fois corrigé, le texte pourra être calligraphié dans le cahier de poésie ou sur une feuille de dessin qui sera exposée en classe.

Découverte et compréhension de la technique de l'acrostiche (second texte)

Distribuer le second texte et procéder de la même façon que pour le premier.

1 Phase orale collective
Lire le texte silencieusement puis à haute voix. Faire des commentaires et mettre en évidence la technique employée.

2 Phase écrite collective
Guidée par l'enseignant, la classe écrit un acrostiche au tableau. Elle découvre que l'utilisation du dictionnaire peut lui faciliter la tâche lorsqu'il s'agit de trouver des mots commençant par une lettre précise.

Si l'on cherche à reproduire la construction de l'exemple, voici quelques mots qui permettront d'éviter les répétitions : « parfois, quelquefois, souvent, fréquemment, toujours, rarement, jamais, sûrement, assurément... ».

3 Phase écrite individuelle
Inciter les élèves à utiliser le dictionnaire afin de trouver des mots commençant par une lettre donnée.
Si l'acrostiche est composé à partir d'un prénom de la classe, s'assurer que personne ne se laissera aller à choisir des mots « peu flatteurs » pour s'amuser aux dépens d'un camarade de classe...

Les acrostiches ainsi obtenus seront corrigés avant d'être recopiés dans le cahier de poésie ou sur une feuille de dessin qui sera exposée en classe.

Réalisation d'un recueil collectif

Suivant le succès remporté par cette séquence auprès des élèves, on pourra s'amuser à créer un recueil regroupant des textes sur différents thèmes. Les élèves pourront alors laisser libre cours à leur inspiration sans risquer de blesser un camarade de classe.
Par exemple :
– les vacances (acrostiches et pacrostiches à partir de ce mot, pour évoquer ce qu'on mange, ce qu'on fait... de façon tendre, amusante ou ironique) ;
– les personnages célèbres (vedettes de la chanson, du cinéma, voire hommes politiques...) ;
– les plats cuisinés (qu'on aime ou qu'on n'aime pas...), etc.

Les textes, écrits assez gros et signés de leurs auteurs, sont réduits à la photocopie puis regroupés par thèmes. Le recueil ainsi réalisé est mis à la disposition des élèves qui peuvent l'emmener à la maison.

Ludovic

(Pacrostiche)

On **L**e cherche partout !
Est-il so**U**s le lit ?
Ou bien **D**ans l'armoire ?
A-t-il pris la br**O**uette de pépé
ou le **V**élo de mémé ?
Enfin le vo**I**ci !
Mon petit frère **C**héri

Il s'appelle ......

Ludovic
(Pacrostiche)
On **L**e cherche partout !
Est-il so**U**s le lit ?
Ou bien **D**ans l'armoire ?
A-t-il pris la br**O**uette de pépé
ou le **V**élo de mémé ?
Enfin le vo**I**ci !
Mon petit frère **C**héri
Il s'appelle ......

Ludovic
(Pacrostiche)
On **L**e cherche partout !
Est-il so**U**s le lit ?
Ou bien **D**ans l'armoire ?
A-t-il pris la br**O**uette de pépé
ou le **V**élo de mémé ?
Enfin le vo**I**ci !
Mon petit frère **C**héri
Il s'appelle ......

Ludovic

(Acrostiche)

Larmoyant ? Parfois !
Unique ? Sûrement !
Docile ? Jamais !
Obéissant ? Quelquefois...
Vantard ? Souvent !
Insupportable ? Certainement !
Charmant ? Toujours !

Ludovic
(Acrostiche)
Larmoyant ? Parfois !
Unique ? Sûrement !
Docile ? Jamais !
Obéissant ? Quelquefois...
Vantard ? Souvent !
Insupportable ? Certainement !
Charmant ? Toujours !

Ludovic
(Acrostiche)
Larmoyant ? Parfois !
Unique ? Sûrement !
Docile ? Jamais !
Obéissant ? Quelquefois...
Vantard ? Souvent !
Insupportable ? Certainement !
Charmant ? Toujours !

Guide pédagogique 19

Séquence 19 La cravate

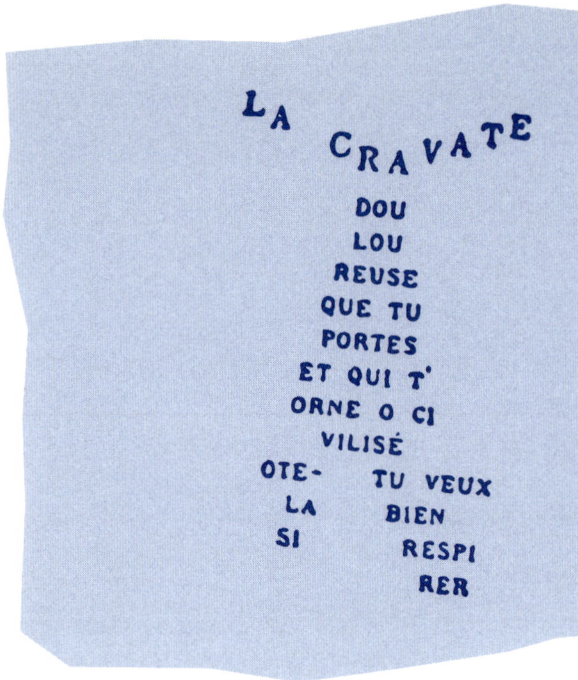

Guillaume Apollinaire
in *Calligrammes*

Dominante :

Arts plastiques.

Objectifs :

- La technique du calligramme ayant déjà été abordée lors de la séquence 7, on recherchera maintenant à :
- Donner un sens critique à son texte.
- Affiner la représentation graphique.

Déroulement de la séance

Avant la séance, photocopier puis découper la fiche élève correspondante.
Un seul document pour chaque enfant : le calligramme.

1. Introduction du poème : Qu'est-ce qu'un calligramme ?
2. Découverte et analyse du calligramme.
3. Lecture des noms de l'auteur, de l'ouvrage et de l'éditeur (voir biographie page 157).
4. Réalisation d'un calligramme collectif.
5. Réalisation d'un calligramme individuel.
6. Réalisation collective d'un montage de calligrammes individuels.

■ Introduction du poème

Demander à la classe :

« Vous souvenez-vous de ce qu'est (ou « Connaissez-vous », suivant que la séquence 7 a été faite ou non) un calligramme ? »

Écrire le mot au tableau. Les élèves expliquent le sens de ce mot et donnent quelques exemples.

■■ Découverte et analyse du calligramme

Distribuer le calligramme et laisser les élèves l'examiner silencieusement. Poser ensuite les quelques questions suivantes :

– « Que représente ce calligramme ? »

Noter que la forme de cette cravate est légèrement différente de celle des cravates actuelles. Préciser que ce calligramme a été réalisé au début du XXe siècle, c'est-à-dire il y a plus de 100 ans.

– « Que "dit" le texte ? »

Le texte est lu à haute voix, puis copié au tableau :

« La cravate douloureuse que tu portes et qui t'orne ô civilisé ôte-la si tu veux bien respirer. »

Noter (surtout au niveau du CM1, et de façon plus ou moins approfondie suivant le niveau de la classe) :

– le ton proche de la moquerie (« qui t'orne » = qui te décore comme on décore une table… ; « ô civilisé » : avec un "ô" ironique pour s'adresser à un humain civilisé qui serait, ou se croirait, l'égal d'un dieu) ;
– le fait que la cravate soit présentée comme un des symboles de la civilisation et qu'elle empêche de respirer ;
– l'humour du texte : tu te décores avec une cravate pour avoir l'air d'un homme civilisé mais elle t'empêche de respirer. Tu ferais donc mieux de la retirer…

Lecture des noms de l'auteur, de l'ouvrage et de l'éditeur

Lors de l'identification de ces noms (cf. séquence 1), donner quelques précisions supplémentaires sur Apollinaire en sélectionnant les informations adaptées à la classe dans la biographie de l'auteur, page 157.

Réalisation d'un calligramme collectif

Afin d'éviter un trop grande dispersion des idées, travailler principalement sur le thème des vêtements.

❶ Recherche et formulation de l'idée

Une liste d'une dizaine de noms de vêtements est dressée au tableau. On y trouvera très probablement le mot « pantalon », sur lequel la classe va travailler…

Isoler le mot « pantalon ».

« Que pourrait-on en dire ? »

Dans un premier temps, les élèves auront tendance à reproduire l'idée du calligramme d'Apollinaire (critiquer le pantalon, ou celui qui le porte). Chercher donc à déterminer l'angle sous lequel cette critique pourra s'exprimer. Les élèves donneront les idées que l'enseignant se chargera de mettre en forme.

Par exemple :
- *La forme : CE PANTALON que tu portes et que tu trouves chic te va aussi bien qu'un sac de pommes de terre.*
- *La matière : CE PANTALON en laine que tu portes avec élégance, ne l'entends-tu pas bêler comme tous ces pauvres petits moutons tondus ?*
- *L'origine : CE PANTALON chic et élégant, n'a-t-il pas été fait par mille petits enfants qui ne pourront jamais le porter ?*

D'autres idées jailliront, certaines bien meilleures que celles-ci. Guider alors les élèves dans la recherche d'une mise en forme pertinente.

❷ Mise en forme individuelle

Quelques phrases ont été notées au tableau. Chaque élève en choisit une et recherche une mise en forme « de pantalon » sur une feuille blanche format A4. Donner les consignes suivantes (qui prennent un peu de liberté par rapport à la technique classique du calligramme, mais qui permettent d'obtenir des résultats en école primaire) :

– « Tracez d'abord la forme du pantalon sur la feuille. »
– « Écrivez gros et utilisez votre crayon à papier afin de pouvoir corriger votre travail. »
– « Remplissez bien la forme du pantalon. »
– « Vous pouvez modifier une phrase (ajouter, retirer ou changer des mots), afin de faciliter sa mise en forme. »
– « Vous pouvez également jouer sur la taille des lettres : grosses quand vous avez de la place, petites quand vous en avez moins. »
– « N'hésitez pas à recommencer plusieurs fois. On réussit rarement un calligramme du premier coup. »

On peut ainsi obtenir des calligrammes de ce style :

CE PANTALON
QUE TU PORTES
ET
QUE
TU
TROUVES
CHIC
TE VA
AUSSI
BIEN
Q'UN
SAC
DE
POMMES
DE
TERRE !

❸ Mise en commun

Les calligrammes sont ensuite collectés et affichés. Les élèves observent et commentent les travaux de leurs camarades.

– « Lesquels semblent les plus réussis ? », « Pourquoi ? »
– « Quels sont les mots qui ont posé problème ? » (Ce sont souvent des mots qui sont trop longs.)
– « Par quoi ont-ils été remplacés ou comment la difficulté a-t-elle été contournée ? » (Sens d'écriture du texte, par exemple.)

Ces calligrammes peuvent ensuite être réunis dans un petit recueil mis à la disposition des élèves (qui peuvent l'emprunter pour le montrer à la maison, par exemple), ou bien collés dans le cahier de poésie, en face de celui d'Apollinaire.

On pourra également les réduire à la photocopieuse afin d'en donner une version plus dense et souvent plus valorisante.

Réalisation d'un calligramme individuel

Suivant le niveau de la classe, proposer à chaque élève de réaliser un calligramme personnel. Celui-ci devra alors :
– choisir un nom de vêtement ;
– trouver et mettre en mots une idée ;
– faire corriger son texte (par l'enseignant, voire par les parents) ;
– le mettre en forme ;
– l'exposer tout en précisant les difficultés auxquelles il s'est heurté.

Ces calligrammes personnels pourront être recopiés « en grand » afin « d'habiller » un grand bonhomme qui sera exposé en classe, ou dans l'école.

Réalisation collective d'un montage de calligrammes individuels

Suivant le niveau de la classe, on pourra se lancer dans la réalisation de plusieurs grands personnages, dont les vêtements seront des calligrammes.
– Les élèves forment des groupes de 4 ou 5.
– Chaque groupe dessine un personnage sur une feuille au format A4. Les membres du groupe se mettent d'accord sur l'apparence de ce personnage commun. Il doit avoir autant de vêtements apparents qu'il y a d'élèves dans le groupe (chaussures, chaussettes, pantalon ou jupe, chemise ou équivalent, écharpe, casquette ou équivalent).
– Une fois le personnage accepté par le groupe, il est dessiné sur une grande feuille de dessin. Ses vêtements sont ensuite découpés, puis répartis entre les membres du groupe.
– Chaque enfant crée son calligramme directement sur la pièce de vêtement dont il a la charge.
– Les grands calligrammes « vêtements » sont mis en place sur une seconde grande feuille de dessin. Les élèves dessinent et colorient ensemble les parties apparentes du corps du personnage (visage, cou, main...) puis les calligrammes sont collés.
– Les personnages ainsi réalisés sont exposés et admiré par la classe, voire par l'école.

La Cravate

LA CRAVATE
DOU
LOU
REUSE
QUE TU
PORTES
ET QUI T'
ORNE O CI
VILISÉ
OTE- TU VEUX
LA BIEN
SI RESPI
RER

Guillaume Apollinaire
in *Calligrammes*

LA CRAVATE
DOU
LOU
REUSE
QUE TU
PORTES
ET QUI T'
ORNE O CI
VILISÉ
OTE- TU VEUX
LA BIEN
SI RESPI
RER

Guillaume Apollinaire
in Calligrammes
© Éditions Gallimard

LA CRAVATE
DOU
LOU
REUSE
QUE TU
PORTES
ET QUI T'
ORNE O CI
VILISÉ
OTE- TU VEUX
LA BIEN
SI RESPI
RER

Guillaume Apollinaire
in Calligrammes
© Éditions Gallimard

LA CRAVATE
DOU
LOU
REUSE
QUE TU
PORTES
ET QUI T'
ORNE O CI
VILISÉ
OTE- TU VEUX
LA BIEN
SI RESPI
RER

Guillaume Apollinaire
in Calligrammes
© Éditions Gallimard

LA CRAVATE
DOU
LOU
REUSE
QUE TU
PORTES
ET QUI T'
ORNE O CI
VILISÉ
OTE- TU VEUX
LA BIEN
SI RESPI
RER

Guillaume Apollinaire
in Calligrammes
© Éditions Gallimard

LA CRAVATE
DOU
LOU
REUSE
QUE TU
PORTES
ET QUI T'
ORNE O CI
VILISÉ
OTE- TU VEUX
LA BIEN
SI RESPI
RER

Guillaume Apollinaire
in Calligrammes
© Éditions Gallimard

LA CRAVATE
DOU
LOU
REUSE
QUE TU
PORTES
ET QUI T'
ORNE O CI
VILISÉ
OTE- TU VEUX
LA BIEN
SI RESPI
RER

Guillaume Apollinaire
in Calligrammes
© Éditions Gallimard

LA CRAVATE
DOU
LOU
REUSE
QUE TU
PORTES
ET QUI T'
ORNE O CI
VILISÉ
OTE- TU VEUX
LA BIEN
SI RESPI
RER

Guillaume Apollinaire
in Calligrammes
© Éditions Gallimard

Le Chat et l'Oiseau

Un village écoute désolé
Le chant d'un oiseau blessé
C'est le seul oiseau du village
Et c'est le seul chat du village
Qui l'a à moitié dévoré
Et l'oiseau cesse de chanter
Le chat cesse de ronronner
Et de se lécher le museau
Et le village fait à l'oiseau
De merveilleuses funérailles
Et le chat qui est invité
Marche derrière le petit cercueil de paille
Où l'oiseau mort est allongé
Porté par une petite fille
Qui n'arrête pas de pleurer
Si j'avais su que cela te fasse tant de peine
Lui dit le chat
Je l'aurais mangé tout entier
Et puis je t'aurais raconté
Que je l'avais vu s'envoler
S'envoler jusqu'au bout du monde
Là-bas où c'est tellement loin
Que jamais on n'en revient
Tu aurais eu moins de chagrin
Simplement de la tristesse et des regrets

Il ne faut jamais faire les choses à moitié.

Jacques Prévert
in *Histoires*

Dominante :

Expression orale.

Objectifs :

- Anticiper la suite d'une histoire.
- Débattre d'un comportement.
- S'entraîner à la lecture expressive.

Déroulement de la séance

Avant la séance, photocopier puis découper la fiche élève correspondante.
Un seul document pour chaque enfant : le texte du poème.

1. Découverte progressive du poème.
2. Débat : « Le chat a-t-il raison ? »
3. Lecture expressive.
4. Lecture des noms de l'auteur, de l'ouvrage et de l'éditeur (voir biographie page 158).

Découverte progressive du poème

Indiquer aux élèves qu'on va lire un poème intitulé *Le Chat et l'Oiseau*. Écrire le titre au tableau puis lire les cinq premiers vers.

1 Lecture des cinq premiers vers (à haute voix par l'enseignant)

« Un village écoute désolé
Le chant d'un oiseau blessé
C'est le seul oiseau du village
Et c'est le seul chat du village
Qui l'a à moitié dévoré »

– « De quoi parle ce poème ? », « Quels en sont les personnages ? », « Qu'ont-ils fait ? »
– « L'oiseau est-il mort ? »

2 Lecture des cinq vers suivants (à haute voix par l'enseignant)

« Et l'oiseau cesse de chanter
Le chat cesse de ronronner
Et de se lécher le museau
Et le village fait à l'oiseau
De merveilleuses funérailles »

– « Que se passe-t-il ? »

Expliquer (ou faire expliquer) le mot « funérailles ».

– « L'oiseau est-il toujours vivant ? »
– « Quelle est la réaction du chat ? »
– « Qui peut raconter l'histoire depuis le début ? »

Les élèves reformulent le texte en citant les principaux événements et en respectant leur chronologie.

3 Lecture des cinq vers suivants (à haute voix par l'enseignant)

« Et le chat qui est invité
Marche derrière le petit cercueil de paille
Où l'oiseau mort est allongé
Porté par une petite fille
Qui n'arrête pas de pleurer »

« Que se passe-t-il ? », « Que fait la petite fille ? »,
« Pourquoi pleure-t-elle ? »

4 Écriture des deux vers suivants au tableau (à haute voix par un élève)

« Si j'avais su que cela te fasse tant de peine
Lui dit le chat
Je… »

– « Qui parle ? », « À qui s'adresse-t-il ? », « Que dit-il ? »
Remarquer qu'il n'y a que le premier mot du vers suivant.

– « Comment le continuer ? », « Que peut dire le chat ? »
Demander aux élèves de reprendre ces deux vers pour les poursuivre avec leur proposition.

Par exemple : « Si j'avais su que cela te fasse tant de peine, lui dit le chat, je… ne l'aurais pas mangé. »

La proposition « Je ne l'aurais pas mangé » est la plus évidente. Une fois qu'elle a été donnée, indiquer que le chat ne regrette pas d'avoir mangé l'oiseau, mais qu'il regrette de faire de la peine à la petite fille.

– « Comment poursuivre les deux vers en tenant compte de cette contrainte supplémentaire ? »
Les élèves font de nouvelles propositions (toujours en commençant par les deux vers donnés), que la classe commente. Les élèves vont-ils trouver la suite du poème de Prévert ? (Le chat dit qu'il aurait préféré cacher son « crime » en annonçant que l'oiseau était parti vers un lointain pays…)
Si les élèves ne trouvent pas, ne pas leur donner la réponse.

5 Distribution du texte du poème

Distribuer le poème et demander aux élèves de le lire silencieusement.
Poser ensuite quelques questions destinées à vérifier que les élèves ont bien compris la fin du poème :

– « Qui a trouvé ce qu'a dit le chat ? »
Il ne s'agit pas de lire la suite du texte, mais de le reformuler. Demander donc aux élèves de raconter sans s'aider du texte.

– « Tout le monde est-il d'accord avec ce qu'ont dit les élèves qui viennent de s'exprimer ? », « Quelqu'un a-t-il compris une version différente ? », « Laquelle ? », « Correspond-elle à ce que dit le texte ? », « Pourquoi ? »

6 Lecture à haute voix de l'ensemble du poème (par un élève)

– « Que signifie le dernier vers ? »
– « Qui peut raconter l'histoire depuis le début ? »

Débat

Demander à un élève de reformuler la proposition du chat.
« Êtes-vous d'accord avec lui (elle) ? », « Pourquoi ? »

Faire débattre la classe sur ce sujet :
« Peut-on mentir pour dissimuler une faute ? »
Des exemples sont trouvés (ou donnés par la classe, qui fait appel à son vécu).

Lecture expressive

Demander à quelques élèves de lire le texte à haute voix, de façon expressive.
- « Quel ton doit-on prendre ? », « Pourquoi ? »
- « Peut-il y avoir une différence de ton entre le début (la mort de l'oiseau et les funérailles) et l'évocation du départ de l'oiseau par le chat ? » (On peut en effet lire les vers « Que je l'avais vu [...] jamais on n'en revient » sur un ton plus exalté...)

Lecture des noms de l'auteur, de l'ouvrage et de l'éditeur

Lors de l'identification de ces noms (cf. séquence 1), indiquer que ce poème a été écrit par Jacques Prévert (nom à écrire au tableau). Donner quelques informations sélectionnées dans la biographie de l'auteur, page 158.

Le poème est ensuite collé sur la page de droite du cahier de poésie. Les élèves l'illustrent librement sur la page de gauche.

Le Chat et l'Oiseau

Un village écoute désolé
Le chant d'un oiseau blessé
C'est le seul oiseau du village
Et c'est le seul chat du village
Qui l'a à moitié dévoré
Et l'oiseau cesse de chanter
Le chat cesse de ronronner
Et de se lécher le museau
Et le village fait à l'oiseau
De merveilleuses funérailles
Et le chat qui est invité
Marche derrière le petit cercueil de paille
Où l'oiseau mort est allongé
Porté par une petite fille
Qui n'arrête pas de pleurer
Si j'avais su que cela te fasse tant de peine
Lui dit le chat
Je l'aurais mangé tout entier
Et puis je t'aurais raconté
Que je l'avais vu s'envoler
S'envoler jusqu'au bout du monde
Là-bas où c'est tellement loin
Que jamais on n'en revient
Tu aurais eu moins de chagrin
Simplement de la tristesse et des regrets

Il ne faut jamais faire les choses à moitié.

Jacques Prévert
in *Histoires*

Le Chat et l'Oiseau

Un village écoute désolé
Le chant d'un oiseau blessé
C'est le seul oiseau du village
Et c'est le seul chat du village
Qui l'a à moitié dévoré
Et l'oiseau cesse de chanter
Le chat cesse de ronronner
Et de se lécher le museau
Et le village fait à l'oiseau
De merveilleuses funérailles
Et le chat qui est invité
Marche derrière le petit cercueil de paille
Où l'oiseau mort est allongé
Porté par une petite fille
Qui n'arrête pas de pleurer
Si j'avais su que cela te fasse tant de peine
Lui dit le chat
Je l'aurais mangé tout entier
Et puis je t'aurais raconté
Que je l'avais vu s'envoler
S'envoler jusqu'au bout du monde
Là-bas où c'est tellement loin
Que jamais on n'en revient
Tu aurais eu moins de chagrin
Simplement de la tristesse et des regrets

Il ne faut jamais faire les choses à moitié.

Jacques Prévert
in Histoires
© Éditions Gallimard

Guide pédagogique 21

Les Questions du chien

Pourquoi les vaches ont-elles des cornes ?
Pourquoi disent-elles Meuh
avec l'accent flamand ?

Pourquoi mangent-elles
quand elles ont déjà déjeuné ?

Pourquoi ont-elles le pis plein de lait ?
Pourquoi soufflent-elles
d'un air dégoûté ?

Qui le sait ?

Les Questions de la vache

Pourquoi les chiens sont-ils velus ?
Pourquoi disent-ils Ouah Ouah
avec l'accent anglais ?

Pourquoi remuent-ils la queue
quand il n'y a pas de mouches ?

Pourquoi portent-ils un collier ?
Pourquoi flairent-ils
tout
d'un air intéressé ?

Qui le sait ?

Claude Roy
in *Enfantasques*

Dominante :

Production d'écrits.

Objectifs :

- Comprendre et commenter l'humour d'un poème.
- Répondre aux questions posées dans le texte.
- Exploiter le travail de ses camarades.

Déroulement de la séance

Avant la séance, photocopier puis découper la fiche élève correspondante.
Deux documents séparés pour chaque enfant :
– Les Questions du chien ;
– Les Questions de la vache.

1. Introduction des poèmes : Quelles questions peut se poser un chien face à une vache (ou une vache face à un chien) ?
2. Découverte et analyse des poèmes.
3. Lecture expressive des textes.
4. Recherche et écriture des réponses aux questions posées.

Introduction des poèmes

Demander aux élèves d'imaginer la rencontre d'un chien et d'une vache. Les deux animaux s'observent et se posent des questions l'un sur l'autre.

– « Quelles sont les questions que le chien pourrait se poser sur la vache ? »

Préciser que le chien ne pose pas de questions à la vache, mais qu'il se pose des questions sur la vache. Laisser les élèves s'exprimer librement sur le fond, mais les guider dans la formulation des questions.

Découverte et analyse des poèmes

1 Lecture du texte

Distribuer le poème *Les Questions du chien.* Laisser les élèves le découvrir silencieusement, puis le lire ensuite à haute voix.

2 Compréhension du texte

– « Le chien se pose-t-il les mêmes questions que celles que vous aviez imaginées ? »

– « Quelles questions se pose-t-il ? »

Chaque question est lue à haute voix et expliquée (par exemple : beaucoup de vaches sont de race « hollandaise », pays dans lequel on parle flamand ; les vaches ruminent, c'est-à-dire qu'elles remâchent l'herbe après l'avoir avalée une première fois...).

– « Quelles réponses pourrait-on donner à chacune de ces questions ? »

Accepter les réponses « logiques » (par exemple : la vache a des cornes pour se défendre), mais encourager les élèves à trouver des explications plus fantaisistes (par exemple : elle a des cornes parce qu'elle trouve ça joli...).

– « Le chien se pose-t-il réellement toutes ces questions ? », « Pourquoi ? »

On pourra, bien sûr, accepter l'idée que le chien se les pose peut-être, mais qu'on ne le sait pas car il ne sait pas les formuler dans notre langue...

– « Qui les pose ? »
L'auteur.

– « Pourquoi ? »
Peut-être pour attirer notre attention sur une réalité que nous avons tendance à accepter sans nous poser de questions.

– « L'auteur aurait-il pu choisir d'autres questions ? », « Lesquelles, par exemple ? »

Là encore, encourager les élèves à suivre la fantaisie de l'auteur tout en respectant la réalité des comportements ou des particularités évoquées.

– « Quelles réponses pourrait-on donner aux questions que nous venons d'imaginer ? »

La question finale est lue à haute voix (*« Qui le sait ? »*).

– « Qui pose cette question ? », « Comment peut-on y répondre ? »

Là encore, toutes les réponses seront acceptées, à condition d'être accompagnées d'une justification, même sommaire.

3 Introduction du second poème

– « Pensez-vous que la vache se pose également des questions sur le chien ? »

– « Quelles questions pourrait-elle se poser ? »

Les élèves imaginent des questions en s'inspirant de l'esprit du premier texte. Laisser la classe s'exprimer librement, tout en veillant à la bonne formulation des questions.

4 Découverte du second poème

Distribuer le second poème.

Celui-ci est lu à haute voix puis commenté de la même façon que le premier.

– « Quelles sont les questions que se pose la vache ? » (On les rapprochera de celles du chien : l'accent, le fait de remuer la queue…)
– « Quelles réponses pourrait-on donner ? »
– « Quelles autres questions pourrait-on imaginer ? »

On précise le nom de l'auteur, puis les deux textes sont découpés et collés sur la page de gauche du cahier de poésie.

■■■ Lecture expressive des textes

Un élève lit à haute voix *Les Questions du chien*. Il a pour consigne de bien montrer qu'il s'agit de questions.

– « A-t-il bien lu ? »
– « À quelle genre de chien le ton employé vous fait-il penser ? »
Suivant la voix du lecteur, les élèves vont évoquer un petit chien craintif, un gros chien menaçant…
– « Pouvez-vous essayer d'autres tons ? »

Quelques élèves font des essais que la classe commente. On tente à chaque fois d'associer le ton à un type de chien que l'on décrit : sa taille, mais aussi son caractère.

Une recherche comparable est ensuite menée avec la vache. Suivant les résultats obtenus, l'enseignant peut proposer à quelques « duos » de faire une prestation face à la classe.

■■■■ Recherche et écriture des réponses aux questions posées

1 Phase collective

Demander aux élèves de compter et de numéroter les questions posées dans chaque texte :
– six questions (cinq du chien + une question finale) ;
– six questions (cinq de la vache + une question finale).

Suivant le niveau et l'effectif de la classe, on proposera à chaque élève :
– de choisir la ou les questions auxquelles il a envie de répondre ;
– de répondre à l'ensemble des questions de la vache, ou du chien.

2 Phase écrite individuelle

Distribuer une feuille volante à chaque élève. Celui-ci y note :
– son nom ;
– l'animal qui donne les réponses (*Les Réponses de la vache* ou *Les Réponses du chien*) ;

– le numéro de la question ;
– le texte (court) de la réponse.

Par exemple : (Nadia)

Les réponses de la vache :
1. parce que c'est joli.
2. pour discuter avec les touristes hollandais.
3. parce je n'ai pas de chewing-gum.
4. pour nourrir les enfants des hommes.
5. parce que l'herbe me chatouille le nez.
6. ma maman.

3 Correction par l'enseignant

Ramasser les feuilles et les corriger. Ce travail (fastidieux mais nécessaire) portera sur la grammaire et l'orthographe, mais pas sur le contenu des réponses. Il permettra à chaque élève de recopier un texte sans faute dans son cahier.

4 Copie des réponses corrigées

Les élèves reçoivent leur feuille corrigée et recopient leurs réponses sur la page de droite de leur cahier de poésie.

5 Recherche et copie des réponses manquantes

Une fois les textes corrigés recopiés, demander aux élèves d'afficher leurs feuilles « réponses » (celles qui ont été corrigées). Les feuilles *Les Réponses de la vache* sont regroupées séparément des feuilles *Les Réponses du chien.*
Chaque élève peut ainsi lire un choix de réponses concernant l'animal dont il ne s'est pas occupé. Il choisit celles qu'il préfère et les recopie dans son cahier de poésie, en respectant la disposition indiquée.

Les Questions du chien et de la vache

Les Questions du chien

Pourquoi les vaches ont-elles des cornes ?
Pourquoi disent-elles Meuh
avec l'accent flamand ?

Pourquoi mangent-elles
quand elles ont déjà déjeuné ?

Pourquoi ont-elles le pis plein de lait ?
Pourquoi soufflent-elles
d'un air dégoûté ?

Qui le sait ?

Claude Roy
in *Enfantasques*
© Éditions Gallimard

Les Questions de la vache

Pourquoi les chiens sont-ils velus ?
Pourquoi disent-ils Ouah Ouah
avec l'accent anglais ?

Pourquoi remuent-ils la queue
quand il n'y a pas de mouches ?

Pourquoi portent-ils un collier ?
Pourquoi flairent-ils
tout
d'un air intéressé ?

Qui le sait ?

Claude Roy
in *Enfantasques*
© Éditions Gallimard

Les Questions du chien

Pourquoi les vaches ont-elles des cornes ?
Pourquoi disent-elles Meuh
avec l'accent flamand ?

Pourquoi mangent-elles
quand elles ont déjà déjeuné ?

Pourquoi ont-elles le pis plein de lait ?
Pourquoi soufflent-elles
d'un air dégoûté ?

Qui le sait ?

Claude Roy
in Enfantasques
© Éditions Gallimard

Les Questions de la vache

Pourquoi les chiens sont-ils velus ?
Pourquoi disent-ils Ouah Ouah
avec l'accent anglais ?

Pourquoi remuent-ils la queue
quand il n'y a pas de mouches ?

Pourquoi portent-ils un collier ?
Pourquoi flairent-ils
tout
d'un air intéressé ?

Qui le sait ?

Claude Roy
in Enfantasques
© Éditions Gallimard

Les Questions du chien

Pourquoi les vaches ont-elles des cornes ?
Pourquoi disent-elles Meuh
avec l'accent flamand ?

Pourquoi mangent-elles
quand elles ont déjà déjeuné ?

Pourquoi ont-elles le pis plein de lait ?
Pourquoi soufflent-elles
d'un air dégoûté ?

Qui le sait ?

Claude Roy
in Enfantasques
© Éditions Gallimard

Les Questions de la vache

Pourquoi les chiens sont-ils velus ?
Pourquoi disent-ils Ouah Ouah
avec l'accent anglais ?

Pourquoi remuent-ils la queue
quand il n'y a pas de mouches ?

Pourquoi portent-ils un collier ?
Pourquoi flairent-ils
tout
d'un air intéressé ?

Qui le sait ?

Claude Roy
in Enfantasques
© Éditions Gallimard

Nuances

Agneau noir
Agneau blanc
Agneau du soir
Agneau bêlant
Agneau qui court vers la mamelle
Avec des jambes de gazelle
Tu portes ta toison fleurie
Du côté de la bergerie
C'est toi la fragile espérance
Et la promesse du troupeau
Pourvu qu'on te prête existence
Que les hommes n'aient pas ta peau

Enfant noir
Enfant blanc
Enfant d'espoir
Si chancelant
Enfant qui court sur la marelle
Avec tes sauts de sauterelle
Va t'en savoir
Si dans tes flancs
Tu portes la race future
La nouvelle progéniture
Qui proscrira l'intolérance
Et liquidera la violence ?

Louis Delorme
in *La Comptinière*
Éditions du Brontosaure

Dominante :

Arts plastiques.

Objectifs :

- Comprendre l'implicite d'un texte.
- Réaliser un collage de mots illustrant l'idée maîtresse du texte.

Déroulement de la séance

Avant la séance, photocopier puis découper la fiche élève correspondante.
Un seul document pour chaque enfant : le texte du poème.

1. Découverte progressive et compréhension du poème.
2. Lecture des noms de l'auteur, de l'ouvrage et de l'éditeur (voir biographie page 158).
3. Recherche de l'illustration et réalisation du collage.

Découverte progressive et compréhension du poème

Distribuer le poème. Indiquer aux élèves qu'on va lire la première strophe et leur demander d'écouter, sans lire le texte.

1 Lecture de la première strophe
Lire la première strophe à haute voix.

2 Compréhension de la première strophe
Demander aux élèves d'indiquer les mots ou expressions qu'ils n'auraient pas compris. Répondre aux demandes d'explications puis poser quelques questions destinées à vérifier la compréhension du poème :
- « De quoi parle-t-on ? »
- « Que représente l'agneau ? », « Pourquoi dit-on qu'il est "l'espérance et la promesse du troupeau" ? »
  (Notion de descendance dont dépend l'avenir du troupeau.)
- « Que signifie : "Pourvu que les hommes n'aient pas ta peau" ? »

3 Lecture de la seconde strophe
Proposer aux élèves de lire silencieusement la seconde strophe. Leur demander de noter dans leur cahier de brouillon les mots ou expressions qu'ils pourraient ne pas comprendre.

4 Compréhension de la seconde strophe
Demander aux élèves d'indiquer les mots ou expressions notées dans les cahiers. Les expliquer, puis lire la strophe à haute voix.
- « De quoi parle-t-on ? »
- « Quelle est la question que pose l'auteur ? », « Que signifie-t-elle ? »
- « Quels points communs voyez-vous entre la première et la seconde strophe ? »

On pourra demander aux élèves d'essayer de préciser – ce ne sera pas facile – les intentions de l'auteur (peut-être montrer que l'enfant, qu'il soit d'homme ou d'animal, est un être fragile, mais que c'est lui l'avenir de la race…).

Le poème est ensuite relu à haute voix, dans son intégralité.

Lecture des noms de l'auteur, de l'ouvrage et de l'éditeur

Lors de l'identification de ces noms (cf. séquence 1), sélectionner, dans la biographie de l'auteur page 158, les informations adaptées à la classe.

Le poème est ensuite découpé et collé sur la page de droite du cahier de poésie.

Travail sur l'illustration

1 Phase collective
Demander aux élèves de proposer des idées d'illustrations. Certains seront tentés de dessiner les moutons, d'autres des enfants de différentes couleurs.

Recadrer alors l'attention de la classe sur l'idée maîtresse du poème : « L'enfant actuel est-il porteur d'une nouvelle génération "qui proscrira l'intolérance et liquidera la violence" ? »

« Comment illustrer cette idée ? »
De nouvelles propositions seront faites par la classe. Certaines d'entre elles seront peut-être lumineuses. Il faudra alors les exploiter.

Voici une proposition d'illustration, certes un peu naïve, mais qui évoque de façon simple et claire l'espoir exprimé par l'auteur.

– Demander aux élèves de faire la liste des mots désignant « ce qui devrait disparaître » pour que la Terre connaisse enfin la paix. Les mots cités sont notés au tableau. On trouve, par exemple : « guerre, crime, maladie, méchanceté, intolérance, racisme, haine », etc.

– Demander ensuite des mots désignant « ce qui doit être privilégié ». Les mots cités sont notés au tableau, séparément de la première liste. On y trouve, par exemple : « liberté, amour, espoir, sagesse, confiance, paix », etc.

– Les deux listes sont au tableau.
« Comment unir ces deux listes sur une même illustration ? »

On pourra faire la proposition suivante (à moins qu'une meilleure ne soit proposée par la classe) :
– « Puisque l'enfant est le personnage central du poème, il doit être au centre de l'illustration. » (Dessiner une silhouette d'enfant au centre du tableau.)
– « Cet enfant ne doit pas connaître les mots que nous avons notés dans la première colonne. Où allons-nous les mettre dans l'illustration ? »

Les élèves font des propositions, que la classe commente. On peut arriver aux deux propositions suivantes :
– les mots sont derrière l'enfant. Il les a dépassés. On ne les voit plus très bien. Ils sont un peu effacés… ;
– les mots sont sous les pieds de l'enfant, enterrés comme les morts…
Reprendre (ou guider la classe vers) une de ces deux représentations. Écrire quelques-uns des mots « à oublier » sous les pieds de l'enfant, ou derrière lui.

– « Comment montrer que l'enfant privilégie les mots que nous avons sélectionnés dans la deuxième colonne ? »
Là encore, guider la classe (si nécessaire) vers une organisation « céleste » de ces mots : l'enfant dessiné tend les mains vers eux pour essayer de s'en rapprocher.

On peut arriver à une ébauche de ce genre, dessinée au tableau :

Suivant le niveau de la classe, demander aux élèves :

- de rechercher et de découper dans des journaux les mots « à oublier ». Ceux-ci, un peu froissés, déchirés, effacés… seront collés pêle-mêle dans la zone regroupant les mots « à oublier » ;
- de préparer des couleurs et des matières claires (sable, sucre, vernis avec paillettes…), qui seront utilisées pour écrire les mots « à privilégier ».

2 Phase individuelle

L'élève réalise son illustration sur la page du cahier ou sur une feuille de dessin d'un format légèrement inférieur à celui d'une page.

3 Mise en commun

Les travaux ainsi réalisés pourront bien sûr être exposés / commentés avant d'être collés sur la page de gauche du cahier de poésie.

Nuances

Agneau noir
Agneau blanc
Agneau du soir
Agneau bêlant
Agneau qui court vers la mamelle
Avec des jambes de gazelle
Tu portes ta toison fleurie
Du côté de la bergerie
C'est toi la fragile espérance
Et la promesse du troupeau
Pourvu qu'on te prête existence
Que les hommes n'aient pas ta peau

Enfant noir
Enfant blanc
Enfant d'espoir
Si chancelant
Enfant qui court sur la marelle
Avec tes sauts de sauterelle
Va t'en savoir
Si dans tes flancs
Tu portes la race future
La nouvelle progéniture
Qui proscrira l'intolérance
Et liquidera la violence ?

Louis Delorme
in *La Comptinière*
Éditions du Brontosaure

Nuances

Agneau noir
Agneau blanc
Agneau du soir
Agneau bêlant
Agneau qui court vers la mamelle
Avec des jambes de gazelle
Tu portes ta toison fleurie
Du côté de la bergerie
C'est toi la fragile espérance
Et la promesse du troupeau
Pourvu qu'on te prête existence
Que les hommes n'aient pas ta peau

Enfant noir
Enfant blanc
Enfant d'espoir
Si chancelant
Enfant qui court sur la marelle
Avec tes sauts de sauterelle
Va t'en savoir
Si dans tes flancs
Tu portes la race future
La nouvelle progéniture
Qui proscrira l'intolérance
Et liquidera la violence ?

Louis Delorme
in *La Comptinière*
Éditions du Brontosaure

Guide pédagogique 23

Le Dragon doux

Un serpent de mer arrive à bon port
il rencontre des journalistes
il leur explique quel est son sort
et pourquoi il se sent si triste
et d'où vient le fait qu'il existe

Au bout de peu de temps on se familiarise
on l'appelle par son petit nom
les femmes veulent lui faire des bises
un chasseur prépare du petit plomb

Quand il parle maintenant on ricane
plus question de lui à la télévision
on lui reproche d'obstruer la porte océane
ce qui amène de nombreuses protestations

Alors il retourne vers sa solitude marine
avant qu'on ne lui fasse un mauvais sort
s'il avait soufflé un peu de feu par les narines
peut-être aurait-il trouvé un plus accueillant port

Raymond Queneau
in *Fendre les flots*

Dominante :

Expression orale.

Objectifs :

- Mettre le poème en scène.
- Écrire et mettre en scène une fin contraire à celle proposée dans le poème.

Déroulement de la séance

Avant la séance, photocopier puis découper la fiche élève correspondante.
Un seul document pour chaque enfant : le texte du poème.

1. Introduction du poème : Quelle histoire imaginer à partir du titre ?
2. Découverte progressive et mise en scène du poème.
3. Lecture des noms de l'auteur, de l'ouvrage et de l'éditeur (voir biographie page 158).
4. Recherche d'une autre fin.
5. Représentation finale.

Introduction du poème

Écrire le titre du poème au tableau : « Le dragon doux ».

– « Quel problème annonce ce titre ? »
– « Quel peut être le sort de ce dragon ? », « Pourquoi ? »

Laisser les élèves s'exprimer librement sur le sujet.

Découverte progressive et mise en scène du poème

1 Découverte et mise en scène de la première strophe

Lire la première strophe à haute voix.

« Qui sont les personnages présentés dans cette première strophe ? »

Proposer à trois élèves de venir au tableau : un pour le dragon, deux pour les journalistes.

« Que va dire le dragon ? »

Relire la strophe et aider les élèves à préciser les informations données par le dragon. Celles-ci sont notées au tableau sous forme de questions :

– « Quel est le sort du dragon ? »
– « Pourquoi est-il triste ? »
– « Pourquoi existe-t-il ? »

Laisser les élèves imaginer le texte du dragon. Les propositions sont faites oralement.

« Comment jouer cette première strophe ? »

L'élève « dragon » joue son entrée dans le port. Les journalistes viennent à sa rencontre et le dragon leur donne les informations évoquées dans le texte.

La classe commente :

« Comment ont-ils joué ? », « Le dragon a-t-il donné toutes les informations prévues ? », « Comment améliorer cette prestation ? »

La strophe peut être jouée une seconde fois, en tenant compte des observations faites par la classe.

2 Découverte et mise en scène de la deuxième strophe

Lire la deuxième strophe à haute voix.

« Qu'apprend-on ? »

Préciser l'évolution de la situation : les gens n'ont plus peur, certains pensent déjà à chasser le dragon…

– « Comment expliquer cette évolution ? »
– « Quels sont les nouveaux personnages ? »
  Des femmes, un chasseur.

Remarquer que cette deuxième strophe sous-entend une réaction des habitants du port lors de l'arrivée du dragon (dans la première strophe). Proposer alors à l'ensemble de la classe de jouer la population.

Les événements sont notés au tableau dans l'ordre chronologique :
- arrivée du dragon et réaction effrayée des habitants ;
- entrée en scène des journalistes et discours du dragon ;
- la population n'a plus peur ;
- on l'appelle par son petit nom (petit nom à trouver : les élèves l'appellent gentiment par son nom, de leur place) ;
- des femmes veulent lui faire la bise (des élèves filles, désignées par l'enseignant, viennent faire une bise au dragon) ;
- un chasseur prépare des cartouches (un élève, désigné par l'enseignant, se place dans un coin de la classe).

La mise en scène est reprise depuis la première strophe.

3 Découverte et mise en scène des strophes suivantes

Les deuxième et troisième strophes sont exploitées de la même façon. Insister sur l'évolution du comportement des habitants face à ce dragon, en préciser les causes et discuter de la « morale » de cette histoire :

« Faut-il être méchant pour être respecté ? »

Les éléments narratifs apportés par chaque nouvelle strophe sont notés au tableau, afin de servir de guide à la classe, qui améliore progressivement son interprétation du texte.

4 Final

Lorsque la mise en scène est au point, une représentation associe un narrateur qui lit le texte aux personnages qui la jouent.

Lecture des noms de l'auteur, de l'ouvrage et de l'éditeur

Lors de l'identification de ces noms (cf. séquence 1), donner quelques informations sur l'auteur en consultant sa biographie, page 158.

Le poème est ensuite découpé et collé sur la page de droite du cahier de poésie.

Recherche d'une illustration

Suivant le niveau de la classe, on pourra s'orienter sur :
- une seule illustration présentant un moment important du récit, librement choisi par l'élève ;
- une suite d'images séquentielles (3 ou 4) résumant l'histoire.

Les différentes scènes n'étant pas facile à représenter, on pourra suggérer aux élèves de se limiter à la représentation du dragon face à un seul personnage, dont le comportement évolue dans l'esprit du texte. Une recherche collective permettra de préciser le contenu de ces images.

Par exemple :

Image 1 : Le dragon gentil arrive face au personnage effrayé.

Image 2 : Le dragon gentil fraternise le personnage gentil.

Image 3 : Le dragon s'inquiète du comportement trop familier du personnage (qui s'assied sur lui, ou veut le mettre en laisse…).

Image 4 : Le dragon effrayé s'éloigne du personnage furieux.

Recherche d'une autre fin

Demander aux élèves s'ils sont satisfaits de la fin développée dans le poème.
« Pourrait-on en écrire une autre ? », « Que dirait-elle ? »
Le texte de cette nouvelle fin est précisé collectivement.

Par exemple : « Le dragon crache du feu, les gens ont peur et ils n'osent plus protester. Le dragon peut rester dans le port. »

La mise en vers se fera en fonction du niveau de la classe. On pourra, par exemple (et ce de façon collective) :
– copier la dernière strophe au tableau afin de préciser le nombre de vers, le nombre de pieds par vers (variable d'un vers à l'autre : on pourra donc composer des vers à peu près égaux) et l'emplacement des rimes ;
– rechercher une « mise en vers » de l'idée proposée par la classe ;
– recopier cette nouvelle strophe dans le cahier de poésie ;
– l'intégrer à la mise en scène du poème original, en prévoyant une intervention du narrateur destinée à introduire cette deuxième fin auprès du public.

Représentation finale

La classe peut former plusieurs petites « troupes », dont l'objectif est de présenter le poème à d'autres classes de l'école.
Chaque troupe sera composée d'un narrateur et d'au moins six comédiens :
– un dragon ;
– deux journalistes ;
– deux femmes ;
– un chasseur (les femmes et le chasseur faisant aussi les habitants).

Le poème est joué dans sa version originale, à laquelle s'ajoute l'autre fin (si elle a été écrite).

Le Dragon doux

Un serpent de mer arrive à bon port
il rencontre des journalistes
il leur explique quel est son sort
et pourquoi il se sent si triste
et d'où vient le fait qu'il existe

Au bout de peu de temps on se familiarise
on l'appelle par son petit nom
les femmes veulent lui faire des bises
un chasseur prépare du petit plomb

Quand il parle maintenant on ricane
plus question de lui à la télévision
on lui reproche d'obstruer la porte océane
ce qui amène de nombreuses protestations

Alors il retourne vers sa solitude marine
avant qu'on ne lui fasse un mauvais sort
s'il avait soufflé un peu de feu par les narines
peut-être aurait-il trouvé un plus accueillant port

Raymond Queneau
in *Fendre les flots*

Le Dragon doux

Un serpent de mer arrive à bon port
il rencontre des journalistes
il leur explique quel est son sort
et pourquoi il se sent si triste
et d'où vient le fait qu'il existe

Au bout de peu de temps on se familiarise
on l'appelle par son petit nom
les femmes veulent lui faire des bises
un chasseur prépare du petit plomb

Quand il parle maintenant on ricane
plus question de lui à la télévision
on lui reproche d'obstruer la porte océane
ce qui amène de nombreuses protestations

Alors il retourne vers sa solitude marine
avant qu'on ne lui fasse un mauvais sort
s'il avait soufflé un peu de feu par les narines
peut-être aurait-il trouvé un plus accueillant port

Raymond Queneau
in Fendre les flots
© Éditions Gallimard

Stances

Marquise, si mon visage
A quelques traits un peu vieux,
Souvenez-vous qu'à mon âge
Vous ne vaudrez guère mieux.

Le temps aux plus belles choses
Se plaît à faire un affront,
Et saura faner vos roses
Comme il a ridé mon front

Pierre Corneille
in *Poésies choisies*

Dominante :

Production d'écrits.

Objectifs :

- Remettre un texte en vers.
- Copier un poème en respectant disposition et ponctuation.

Déroulement de la séance

Avant la séance, photocopier puis découper la fiche élève correspondante.
Un seul document pour chaque enfant : les deux portraits

1. Introduction du poème : Que vous inspirent ces deux portraits ?
2. Découverte et remise en vers du poème.
3. Lecture des noms de l'auteur, de l'ouvrage et de l'éditeur (voir biographie page 157).
4. Lecture expressive du poème.
5. Copie du texte dans le cahier.

Introduction du poème

Distribuer l'illustration (les deux portraits côte à côte) et demander aux élèves de les observer.

– « Que représentent-ils ? »
– « Ces personnages sont-ils de notre époque ? », « Pourquoi ? »
– « Quel personnage préférez-vous ? », « Pourquoi ? »
– « Que représente pour vous la vieillesse ? »

Inciter les élèves à parler du physique mais aussi du mental :

« Que savent les personnes âgées ? », « Quels conseils peuvent-elles donner ? », « Doit-on les écouter ? », « Pourquoi ? »
– « Que représente pour vous la jeunesse ?

Indiquer ensuite qu'un poète a parlé de ces deux personnages…

Découverte et remise en vers du poème

❶ Lecture, compréhension et mise en vers de la première strophe

Écrire la première strophe au tableau, de façon linéaire :
« Marquise, si mon visage a quelques traits un peu vieux, souvenez-vous qu'à mon âge vous ne vaudrez guère mieux. »

Lire ensuite la phrase à haute voix.

- « Que dit cette phrase ? »
- « Par qui est-elle prononcée ? », « À qui s'adresse-t-elle ? »

Indiquer que le poète a écrit sa phrase différemment. Il l'a écrite en faisant quatre lignes (ou vers, si les élèves connaissent le terme) qui riment deux à deux.

- « Peut-on retrouver ces quatre vers ? »

Aider plus ou moins la classe en fonction des réponses données. Relire (ou faire relire) la phrase, par exemple, en insistant sur les rimes. Lorsque celles-ci sont identifiées (et soulignées), le texte est recopié en vers au tableau :

« Marquise, si mon visage
A quelques traits un peu vieux,
Souvenez-vous qu'à mon âge
Vous ne vaudrez guère mieux. »

Cette première strophe est relue à haute voix. Compter collectivement (et « sur les doigts ») le nombre de syllabes (ou pieds) de chaque vers, afin de montrer le rythme et l'équilibre de la construction.

❷ Lecture, compréhension et mise en vers de la seconde strophe

De la même façon que la première, la seconde strophe est copiée linéairement au tableau, puis lue à haute voix :

« Le temps aux plus belles choses se plaît à faire un affront, et saura faner vos roses comme il a ridé mon front. »

- « De quoi parle ce texte ? »
- « Qu'est-ce qu'un affront ? », « Pourquoi parle-t-on de roses ? »
- « Qu'en pensez-vous ? »

Proposer ensuite aux élèves de réaliser eux-mêmes la mise en vers du texte (dans le cahier de brouillon).

Une mise en commun permet ensuite de copier la deuxième strophe au tableau :

« Le temps aux plus belles choses
Se plaît à faire un affront,
Et saura faner vos roses
Comme il a ridé mon front. »

Ajouter ensuite le nom de l'auteur au tableau, en bas du poème : « Pierre Corneille ».

Lecture des noms de l’auteur, de l’ouvrage et de l’éditeur

Lors de l’identification de ces noms (cf. séquence 1), consulter la biographie de l’auteur, page 157, et sélectionner les informations adaptées à la classe. Ces informations pourront être données oralement ou faire l’objet d’une petite biographie qui viendra compléter le poème dans le cahier.

Lecture expressive du poème

Le poème entier est ensuite lu à haute voix. La classe essaie différentes interprétations (tons résolu, ironique, colérique...).

Copie du texte dans le cahier

Chaque élève recopie ensuite le texte du poème sur la page de droite de son cahier de poésie. Il a pour consigne de bien respecter la disposition et la ponctuation (les majuscules, notamment).

Il colle ensuite les portraits sur la page de gauche, les colorie et imagine librement un décor.

Fontaine

La fontaine brisée m'a dit quelle était sa vie
Toujours mouillée toujours pleurant
Et les terrifiantes histoires que raconte l'eau
Quand elle sort de terre
Les poissons monstrueux qu'elle a portés
Et patati et patata
Ce n'est pas une vie rose
Que la vie d'une fontaine brisée.

Robert Desnos
in « Youri 1930 Poésie »
Destinée arbitraire

Dominante :

Arts plastiques.

Objectifs :

- Ressentir la dimension « fantastique » d'un poème.
- Créer une illustration exprimant cette ambiance.

Déroulement de la séance

Avant la séance, photocopier puis découper la fiche élève correspondante.
Un seul document pour chaque enfant : le texte du poème.

1. Introduction du poème : Qu'est-ce qu'une fontaine ?
2. Découverte du poème.
3. Lecture des noms de l'auteur, de l'ouvrage et de l'éditeur (voir biographie page 158).
4. Lecture expressive.
5. Travail sur l'illustration (montage et décor).
6. Recherche d'une légende.

Introduction du poème

Demander aux élèves :
« Savez-vous ce qu'est une fontaine ? »,
« D'où vient l'eau qui y coule ? »

Si les enfants vivant à la campagne savent que l'eau de la fontaine provient (souvent) d'une source, il n'en est pas de même des enfants vivant en ville. On pourra donc leur expliquer, très simplement, que les eaux de pluie forment parfois des rivières souterraines qui ressortent à la surface pour donner les sources. Ces sources peuvent être aménagées afin de permettre aux gens de recueillir plus facilement l'eau qui en sort. Il s'agit alors d'une fontaine.

Découverte du poème

Distribuer le poème et laisser les élèves en prendre connaissance. Le lire ensuite à haute voix, de façon très expressive, puis recueillir les impressions de la classe :

– « De quoi parle ce poème ? »
– « Quelle impression vous fait-il ? »

Les élèves auront probablement noté le caractère impressionnant, effrayant… du texte, surtout si l'enseignant l'a lu avec le ton approprié. Chercher donc à préciser ce qui crée cette impression :

– le choix des mots : « pleurant », « terrifiantes histoires », « poissons monstrueux », « brisée », etc. ;
– la situation présentée : la fontaine raconte ce qui se passe sous terre et que nous ne voyons pas. Son « récit » stimule notre imagination et nous laisse supposer la présence de terrifiantes créatures vivant sous terre, mais près de nous. De plus, nous buvons l'eau dans laquelle elles se baignent…

Noter également le vers : « Et patati et patata ».

« À quoi sert-il ? »

Peut-être à dédramatiser la situation, on bien à montrer que ce que raconte cette fontaine n'a guère d'importance…

Il sera intéressant de voir comment les élèves le comprennent…

Préciser également les raisons pour lesquelles une fontaine brisée semble plus « malheureuse » qu'une fontaine intacte : probablement parce qu'elle est cassée, parce que l'eau coule mal et pénètre plus dans la pierre…

Lecture des noms de l'auteur, de l'ouvrage et de l'éditeur

Lors de l'identification de ces noms (cf. séquence 1), sélectionner les informations qui semblent adaptées à la classe dans la biographie de l'auteur, page 158.

Lecture expressive

Une fois le texte bien compris, quelques élèves le lisent de la façon la plus expressive possible.

– « Quels sont les mots sur lesquels il convient d'insister ? », « Sur quel ton ? », « Pourquoi ? »
– « Quels sont les vers que l'on va lire vite, et ceux sur lesquels on passera plus de temps ? », « Pourquoi ? »

La classe commente chaque lecture de façon à faire évoluer la suivante.

Le poème est ensuite découpé et collé sur la page de droite du cahier de poésie.

Travail sur l'illustration

Demander aux élèves d'imaginer différentes illustrations permettant de mettre le poème « en image ». Chaque proposition est commentée par la classe :

- « Permet-elle de représenter les "monstres" dont parle la fontaine ? »
- « Permet-elle de montrer que ces monstres sont cachés ? »
- « Comment concilier ces deux représentations ? »

Guider les élèves vers le type d'illustration présentée ci-dessous.

1 Voir ce qui est caché

Si les élèves ne l'ont pas encore formulé, indiquer que l'on peut utiliser un cache permettant de montrer ou de cacher « les monstres ». Ce cache pourra avoir la forme d'une colline, puisque, bien souvent, des sources y jaillissent.
Tracer la fontaine et le profil de la colline au tableau.

2 Comment faire le cache ?

Laisser les élèves proposer des solutions (« Lesquelles sont réalisables ? »), puis proposer le découpage suivant :

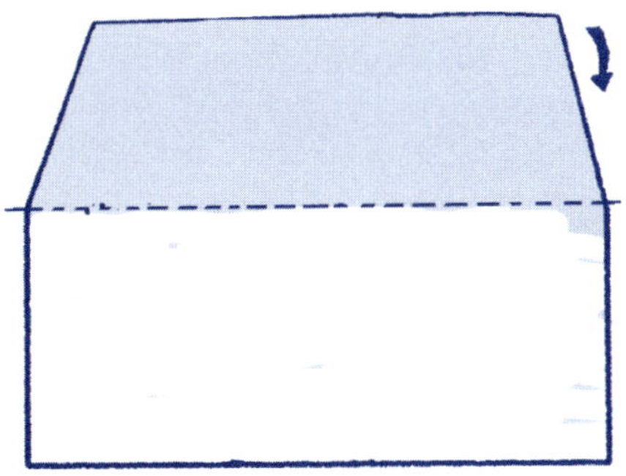

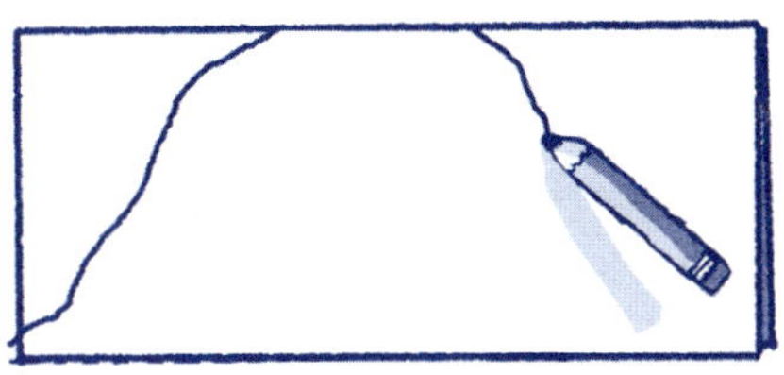

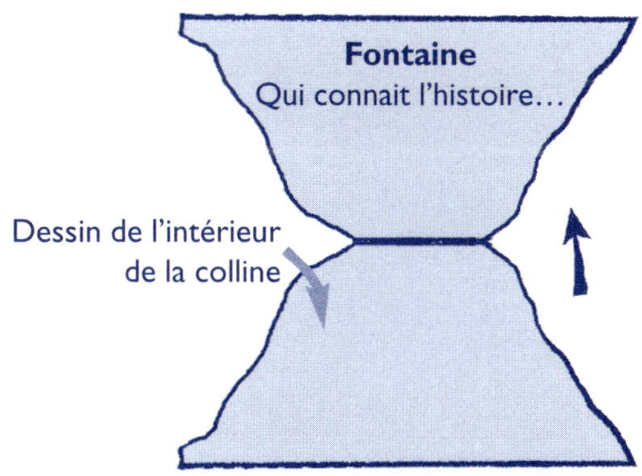

Distribuer ensuite une feuille de cahier (au format du cahier de poésie) à chaque élève et demander à toute la classe de suivre la démarche qu'on va indiquer. Effectuer la manipulation au fur et à mesure qu'on l'explique :

- plier la feuille en deux dans le sens de la largeur. Bien appuyer sur la ligne de pliage ;
- dessiner le contour de la colline sur la demi-feuille. Prévoir une surface plane à son sommet, sur le trait de pliage (tracer un exemple au tableau) ;
- découper les deux demi-feuilles ensemble en suivant le contour de la colline ;
- on obtient ainsi une colline pouvant « s'ouvrir » afin de dévoiler ce qu'elle contient.

❸ Mise en page de l'illustration

Avant de faire coller la colline sur la page de gauche du cahier de poésie, s'assurer que le mécanisme d'ouverture a bien été compris :

– « Où et comment coller la feuille ? »

– « Où faudra-t-il dessiner la fontaine ? »

Sur la page du cahier, au pied de la colline.

– « Où faire couler l'eau ? »

❹ Évocation collective des monstres

– « À quoi peuvent ressembler les monstres qui vivent sous terre ? »

Les noms cités par la classe sont notés au tableau (serpent, dragon, araignée…). Chaque monstre est décrit.

Si l'emploi du temps le permet, proposer à chaque élève de dessiner un monstre (et un seul) sur une feuille blanche. Les dessins sont ensuite exposés et commentés.

Les élèves s'inspireront de ces essais pour la réalisation de leur dessin personnel.

❺ Phase individuelle

Chaque élève réalise son collage et la mise en place du décor : nature sur la face apparente, monstres sur la face intérieure, fontaine et eau se déversant sur la page du cahier…

Recherche d'une légende

En fonction du niveau de la classe, on pourra rechercher une légende qui sera inscrite sur la face intérieure du cache (et qui n'apparaît que lorsque le cache est ouvert).

Par exemple : « Qui connaît l'histoire terrifiante de l'eau de la fontaine ? »

Cette légende pourra être le résultat d'une recherche collective ou individuelle.

Fontaine

La fontaine brisée m'a dit qu'elle était sa *vie*
Toujours mouillée toujours pleurant
Et les terrifiantes histoires que raconte l'eau
Quand elle sort de terre
Les poissons monstrueux qu'elle a portés
Et patati et patata
Ce n'est pas une *vie* rose
Que la *vie* d'une fontaine brisée.

Robert Desnos
in « Youri 1930 Poésie »
Destinée arbitraire

Fontaine

La fontaine brisée m'a dit qu'elle était sa vie
Toujours mouillée toujours pleurant
Et les terrifiantes histoires que raconte l'eau
Quand elle sort de terre
Les poissons monstrueux qu'elle a portés
Et patati et patata
Ce n'est pas une vie rose
Que la vie d'une fontaine brisée.

Robert Desnos
in « Youri 1930 Poésie »
Destinée arbitraire
© Éditions Gallimard

Fontaine

La fontaine brisée m'a dit qu'elle était sa vie
Toujours mouillée toujours pleurant
Et les terrifiantes histoires que raconte l'eau
Quand elle sort de terre
Les poissons monstrueux qu'elle a portés
Et patati et patata
Ce n'est pas une vie rose
Que la vie d'une fontaine brisée.

Robert Desnos
in « Youri 1930 Poésie »
Destinée arbitraire
© Éditions Gallimard

Fontaine

La fontaine brisée m'a dit qu'elle était sa vie
Toujours mouillée toujours pleurant
Et les terrifiantes histoires que raconte l'eau
Quand elle sort de terre
Les poissons monstrueux qu'elle a portés
Et patati et patata
Ce n'est pas une vie rose
Que la vie d'une fontaine brisée.

Robert Desnos
in « Youri 1930 Poésie »
Destinée arbitraire
© Éditions Gallimard

Guide pédagogique 26

Séquence 26 Le Bouleau

Le Bouleau

Chaque nuit, le bouleau
Du fond de mon jardin
Devient un long bateau
Qui descend ou l'Escaut
Ou la Meuse ou le Rhin.
Il court à l'océan
Qu'il traverse en jouant
Avec les albatros,
Salue Valparaiso,
Crie bonjour à Tokyo
Et sourit à Formose.
Puis, dans le matin rose,
Ayant longé le Pôle,
Des rades et des môles,
Lentement redevient
Bouleau de mon jardin.

Maurice Carême
in *La Grange bleue*

Dominante :

Expression orale.

Objectifs :

- S'entraîner à la lecture expressive d'un poème.
- Stimuler son imaginaire et le mettre en images.

Déroulement de la séance

Avant la séance, photocopier puis découper la fiche élève correspondante.
Un seul document pour chaque enfant : le texte du poème.

1. Introduction du poème : Comment jouons-nous ?
2. Découverte et lecture expressive du poème.
3. Lecture des noms de l'auteur, de l'ouvrage et de l'éditeur (voir biographie page 157).
4. Mise en image personnelle.

Introduction du poème

Poser les questions suivantes à la classe :
- « Quand vous jouez, est-ce que vous faites parler les objets ? »
- « Est-ce que vous imaginez qu'ils se transforment ? »
- « Est-ce qu'ils sont capables de faire des choses qu'ils ne pourraient pas faire sans vous ? »

Préciser que cet objet peut être un jouet, mais aussi « quelque chose » que l'enfant utilise et transforme pour jouer (ex. : une branche qui devient sabre laser, une boîte en carton qui devient maison, une poupée qui parle par la voix de l'enfant...).
D'abord un peu déroutés par la question (que l'enseignant peut reformuler, en donnant éventuellement un exemple personnel : « Quand j'étais petit, je rêvais que je partais dans les étoiles avec ma fusée en plastique... »), les enfants comprennent progressivement ce qu'on attend d'eux. Certains racontent, par exemple, qu'un jouet devient vivant et fait ceci ou cela... Ne pas critiquer les rêveries guerrières des petits garçons, mais essayer de les orienter vers des régions plus poétiques...

Demander alors à chaque élève de noter, dans son cahier de brouillon, le nom de l'objet qu'il a « transformé ». Ce nom est entouré.
Demander ensuite aux élèves de noter ce en quoi cet objet peut se transformer.

Par exemple :

ours guerrier — *ours protecteur*

ours en peluche

monstre — *extraterrestre*

Remarque : bien souvent, s'il s'agit d'un jouet, l'enfant ne le détourne pas de sa fonction première :
– le soldat en plastique devient un vrai soldat ;
– la poupée devient une vraie fille.

S'il s'agit d'un objet quotidien, c'est bien souvent la forme qui entraîne la fonction. La matière dont il est fait est rarement prise en compte :
– une branche devient sabre ;
– une feuille devient vaisseau ;
– une boîte devient maison...

La lecture du poème permettra d'extraire d'autres images inspirées de la matière ou de l'histoire de l'objet.

Demander ensuite :
– « Pensez-vous que les adultes jouent de la même façon que vous ? »
– « Peuvent-ils donner "de la vie" à des objets inanimés ? »
La réponse est *a priori* « non ».

Suivant le niveau de la classe et l'intérêt des élèves, on pourra approfondir la question :
« Pourquoi ne jouent-ils plus ? »,
« Peut-être jouent-ils différemment ? » Etc.

Indiquer alors aux élèves qu'il va leur être distribué un poème intitulé *Le bouleau*. Écrire ce mot au tableau et préciser qu'il s'agit du nom d'un arbre. Ce poème a été écrit par un adulte qui, lui, ne craint pas de jouer... mais à la façon des poètes.

Découverte et lecture expressive du poème

1 Lecture du texte

Les élèves lisent le poème silencieusement. De nombreux mots sont incompris, mais cela n'empêche pas de saisir l'idée générale du texte : le poète imagine que l'arbre devient un bateau et visite le monde pendant la nuit. Il redevient arbre dès le matin venu.

Le texte est ensuite lu à haute voix par l'enseignant.

2 Explication et lecture expressive du texte

Demander aux élèves de compter le nombre de phrases (et non de vers) qui composent le poème. Il y en a trois, repérables grâce aux points.

– Un élève lit la première phrase à haute voix (les cinq premiers vers). Préciser ce que désignent les mots inconnus (des fleuves).
« Comment lire cette phrase ? », « Quelles liaisons faut-il marquer ? », « Comment rendre l'atmosphère de cette descente sur de longs fleuves paisibles ? »

Lire calmement, prendre son temps, marquer une légère pause entre les noms des fleuves…

– Un élève lit la seconde phrase (les six vers suivants). Expliquer les mots inconnus.
« Comment lire cette phrase ? », « Quelles liaisons faut-il marquer ? »

Remarquer les verbes « court », « traverse », « crie », qui impliquent du dynamisme dans la lecture.

Plusieurs élèves font des essais d'interprétation, qui sont commentés par la classe.

– Un élève lit la troisième phrase. Après explication des mots inconnus, remarquer les mots « matin rose », « ayant longé », « lentement », qui impliquent un retour au calme et à la réalité des choses.
« Comment cette atmosphère peut-elle être transmise par le lecteur ? », « Quelles liaisons faut-il marquer ? »

Plusieurs élèves font des essais, que la classe commente.

– Noter, pour finir :
- que la première phrase doit être lue lentement ;
- que la deuxième doit l'être sur un ton beaucoup plus dynamique ;
- que la troisième revient au rythme lent de la première.

Le poème est ensuite découpé et collé sur la page de droite du cahier de poésie.

Lecture des noms de l'auteur, de l'ouvrage et de l'éditeur

Lors de l'identification de ces noms (cf. séquence 1), indiquer que ce poème a été écrit par Maurice Carême (nom à écrire au tableau). Donner quelques informations sélectionnées dans la biographie de l'auteur, page 157.

Mise en image personnelle

Informer les élèves que la page de gauche du cahier va servir à une « mise en image » de l'objet qu'ils ont noté dans leur cahier de brouillon, en début de séance.

Le nom de cet objet est copié et entouré en milieu de page. Il en part des traits menant à des dessins, à des mots, voire à un petit texte évoquant la transformation subie.

Encourager les élèves à porter un nouveau regard sur l'objet choisi, notamment en réfléchissant sur :
– la matière dont il est fait (le bois peut faire penser à l'arbre dont il est issu, à la forêt d'où il provient… ; le plastique vient du pétrole, c'est-à-dire du centre de la Terre… ; la laine vient des moutons… ; etc.) ;
– son histoire (il a peut-être appartenu à quelqu'un d'autre, il a peut-être été transporté par un fleuve, par le vent… : autant de pistes pour imaginer une autre vie à cet objet apparemment inanimé…).

Les productions ainsi réalisées pourront être recopiées sur une feuille de dessin et affichées en classe.

Le Bouleau

Chaque nuit, le bouleau
Du fond de mon jardin
Devient un long bateau
Qui descend ou l'Escaut
Ou la Meuse ou le Rhin.
Il court à l'océan
Qu'il traverse en jouant
Avec les albatros,
Salue Valparaiso,
Crie bonjour à Tokyo
Et sourit à Formose.
Puis, dans le matin rose,
Ayant longé le Pôle,
Des rades et des môles,
Lentement redevient
Bouleau de mon jardin.

Maurice Carême
in *La Grange bleue*

Le Bouleau

Chaque nuit, le bouleau
Du fond de mon jardin
Devient un long bateau
Qui descend ou l'Escaut
Ou la Meuse ou le Rhin.
Il court à l'océan
Qu'il traverse en jouant
Avec les albatros,
Salue Valparaiso,
Crie bonjour à Tokyo
Et sourit à Formose.
Puis, dans le matin rose,
Ayant longé le Pôle,
Des rades et des môles,
Lentement redevient
Bouleau de mon jardin.

Maurice Carême
in *La Grange bleue*
© Fondation Maurice Carême

Le Bouleau

Chaque nuit, le bouleau
Du fond de mon jardin
Devient un long bateau
Qui descend ou l'Escaut
Ou la Meuse ou le Rhin.
Il court à l'océan
Qu'il traverse en jouant
Avec les albatros,
Salue Valparaiso,
Crie bonjour à Tokyo
Et sourit à Formose.
Puis, dans le matin rose,
Ayant longé le Pôle,
Des rades et des môles,
Lentement redevient
Bouleau de mon jardin.

Maurice Carême
in *La Grange bleue*
© Fondation Maurice Carême

L'Orchidée

D'où vient ce vent au parfum d'orchidées
Pour lui je vais braver le froid du printemps
Trop pauvre pour acheter des fleurs
J'en peins une sur une feuille de papier

D'une vraie fleur solitaire sur sa tige
Nul n'a pitié
Mais celle que j'ai peinte
Ne craint ni le vent froid, ni la pluie oblique.

Ma Kiang Lan
in Paulette Lequeux (éd.)
Poèmes de partout et de toujours
Armand Colin

Dominante :

Production d'écrits.

Objectifs :

- Préciser et généraliser la chronologie des idées.
- Écrire un poème « à la manière de » en reprenant cette chronologie.

Déroulement de la séance

Avant la séance, photocopier puis découper la fiche élève correspondante.
Un seul document pour chaque enfant : le texte du poème et son illustration.

1. Introduction du poème : Qu'est-ce qu'une orchidée ?
2. Découverte du poème.
3. Mise en évidence de la chronologie.
4. Écriture d'un nouveau poème respectant cette chronologie.

■ Introduction du poème

Informer les élèves qu'il va leur être distribué un poème intitulé *L'Orchidée*. Écrire ce mot au tableau et demander si quelqu'un en connaît le sens. Si personne ne le connaît, expliquer qu'il s'agit d'une belle fleur exotique que l'on peut voir chez les fleuristes ou dans les jardineries.

■■ Découverte du poème

Distribuer le poème aux élèves et les laisser le découvrir silencieusement. Le lire ensuite à haute voix, puis poser quelques questions portant sur les points suivants.

❶ La compréhension du texte

« Que raconte ce poème ? »

Laisser les élèves s'exprimer librement. La plupart d'entre eux reformulent une partie du texte, mais non son intégralité.

2 La structure du poème

- « Combien de strophes comporte ce poème ? »
  Il comporte deux strophes.
- « Combien y a-t-il de vers par strophes ? »
  Il y en a quatre.
- « Avez-vous remarqué la présence de rimes ? »
  Non.
- « Les vers ont-ils le même nombre de pieds ? »
  Non.

On peut faire référence à un poème étudié précédemment, dans lequel se trouvaient rimes et nombre de pieds précis. Préciser que, si certains poèmes suivent des règles strictes, ce n'est pas le cas de tous (ce qui ne veut pas dire que les poèmes bien réglés sont meilleurs !).

Le poème est relu à haute voix par un élève. Il termine par la lecture du nom de l'auteur.

Mise en évidence de la chronologie

1 Chronologie du poème

Demander alors de s'appuyer sur le poème afin de reformuler les idées dans l'ordre du texte. Cette démarche est effectuée vers par vers.

« De quoi parle l'auteur en premier ? »
1) *Du parfum des orchidées.*

« Et ensuite ? »
2) – *L'auteur dit qu'il aime bien ce parfum puisqu'il va « braver » le froid, sans doute pour aller acheter des orchidées.*
3) – *L'auteur explique qu'il est trop pauvre pour acheter des fleurs.*
4) – *Il décide donc d'en peindre une sur une feuille de papier.*
5) – *Il dit que personne n'a pitié d'une fleur seule sur sa tige.*

Les élèves demanderont probablement ce que cela veut dire… et on peut effectivement se poser la question… Peut-être l'auteur dit-il cela afin de valoriser son propre dessin, comme on le verra par la suite ? À moins que ces vers n'évoquent la vraie fleur qui, dans la nature, est à la merci des intempéries et des animaux de passage….

6) – *Il termine en disant que la fleur qu'il a peinte est plus résistante car elle ne craint ni le vent ni la pluie… (contrairement à la vraie fleur).*

« Que peut-on en conclure ? »
Sans doute que l'auteur est finalement bien content avec sa fleur peinte…

2 Généralisation

Guider maintenant la classe (plus ou moins fortement) dans la recherche d'une généralisation de l'idée exprimée dans ce poème.

On cherche à obtenir la progression suivante :
– on a très envie d'avoir quelque chose ;
– on ne peut pas l'avoir (pour différentes raisons) ;
– on la dessine, on la peint (ou autre chose) ;
– on trouve un inconvénient au vrai ;
– on trouve un avantage au faux.

– Relire les deux premiers vers :

« D'où vient ce vent au parfum d'orchidées
Pour lui je vais braver le froid du printemps »

« Que veut l'auteur ? »
Des orchidées !
« Aime-t-il les orchidées ? »
Oui, puisqu'il va « braver » le froid pour aller en chercher.

Interroger quelques élèves :
« Et toi, qu'est-ce que tu aimerais bien avoir ? » (Réponses diverses…)

Exprimer ensuite l'idée par cette phrase qui sera écrite au tableau :
« On a très envie d'avoir quelque chose. »

– Lire le vers suivant :

« Trop pauvre pour acheter des fleurs »

« Que signifie-t-il ? »
« Y a-t-il d'autres raisons qui pourraient empêcher l'auteur d'avoir des orchidées ? »
Le magasin est fermé, il n'y a plus d'orchidées ou elles ne sont pas à vendre…

Écrire alors la phrase suivante, sous la première :
« On ne peut pas l'avoir (pour différentes raisons). »

– Lire le vers suivant :

« J'en peins une sur une feuille de papier »

« Qu'est-ce que l'auteur aurait pu faire d'autre ? »
Dessiner, découper une photo d'orchidée, en prendre une en plastique…

Écrire la phrase suivante sous les deux premières :
« On la dessine, on la peint (ou autre chose). »

– Lire les deux vers suivants :

« D'une vraie fleur solitaire sur sa tige
Nul n'a pitié »

« Que fait l'auteur dans ces deux vers ? »
Amener les élèves à dire que l'auteur souligne un inconvénient de la vraie fleur, ce qui sera traduit au tableau par : « On trouve un inconvénient au vrai ».

– Lire enfin les deux derniers vers :

« Mais celle que j'ai peinte
Ne craint ni le vent froid, ni la pluie oblique »

Ces vers seront traduits au tableau (après discussion avec la classe) par :

« On trouve un avantage au faux. »

Ce qui donne, au tableau, la progression proposée en début de chapitre. Celle-ci est relue à haute voix par un élève. S'en servir pour l'écriture collective d'un poème « à la manière de ».

Écriture d'un nouveau poème respectant cette chronologie

1 Phase orale collective

Demander aux élèves de trouver une situation correspondant à la progression inscrite au tableau. Les aider en posant une question à chaque étape :

– « On a très envie d'avoir quelque chose… De quoi a-t-on envie ? »

Les élèves font des propositions. En choisir une adaptée à l'objectif : quelque chose de rare, de cher, d'éloigné…

– « On ne peut pas l'avoir. Pourquoi ? »
– « On la dessine, on la peint (ou autre chose). Que va-t-on faire ? »
– « On trouve un inconvénient au vrai. Quel inconvénient ? »
– « On trouve un avantage au faux. Quel avantage ? »

Toutes ces idées sont reprises dans un texte que les élèves composent oralement et que l'enseignant écrit au tableau. On peut ainsi obtenir un poème collectif de ce genre (obtenu dans une classe de CE2) :

Je rêve d'un baobab
Un baobab d'Afrique
Dix mètres de large, trente de haut
Comme je ne peux pas aller en Afrique
Je peins mon baobab
Sur une feuille de papier.

Un vrai baobab
On ne peut pas le déménager
Mais celui que j'ai peint
Je peux l'emmener dans mon cartable.

2 Phase écrite individuelle

Suivant le niveau des élèves, proposer à chacun d'eux de recopier le poème collectif sur son cahier ou d'écrire un nouveau texte personnel (qui sera copié dans le cahier après correction).

L'Orchidée

D'où vient ce vent au parfum d'orchidées
Pour lui je vais braver le froid du printemps
Trop pauvre pour acheter des fleurs
J'en peins une sur une feuille de papier

D'une vraie fleur solitaire sur sa tige
Nul n'a pitié
Mais celle que j'ai peinte
Ne craint ni le vent froid, ni la pluie oblique.

Ma Kiang Lan
in Paulette Lequeux (éd.)
Poèmes de partout et de toujours
Armand Colin

L'Orchidée

D'où vient ce vent au parfum d'orchidées
Pour lui je vais braver le froid du printemps
Trop pauvre pour acheter des fleurs
J'en peins une sur une feuille de papier

D'une vraie fleur solitaire sur sa tige
Nul n'a pitié
Mais celle que j'ai peinte
Ne craint ni le vent froid, ni la pluie oblique.

Ma Kiang Lan
in Paulette Lequeux (éd.)
Poèmes de partout et de toujours
Armand Colin

Séquence 28 L'Embouteillage

Guide pédagogique 28

L'Embouteillage

Feu vert Feu vert Feu vert !
Le chemin est ouvert !
Tortues blanches, tortues grises, tortues noires,
Tortues têtues Tintamarre !
Les autos crachotent,
Toussotent, cahotent
Quatre centimètres
Puis toutes s'arrêtent.

Feu rouge Feu rouge Feu rouge !
Pas une ne bouge !
Tortues jaunes, tortues beiges, tortues noires,
Tortues têtues Tintamarre !
Hoquettent, s'entêtent,
Quatre millimètres,
Pare-chocs à pare-chocs
Les voitures stoppent.

Blanches, grises, vertes, bleues,
Tortues à la queue leu leu,
Jaunes, rouges, beiges, noires,
Tortues têtues Tintamarre !
Bloquées dans vos carapaces
Regardez-moi bien : je passe !

Jacques Charpentreau
in *La Ville enchantée*

Dominante :

Arts plastiques.

Objectifs :

- S'entraîner à la lecture expressive.
- Réaliser un collage de mots pour représenter l'embouteillage.

Déroulement de la séance

Avant la séance, photocopier puis découper la fiche élève correspondante.
Un seul document pour chaque enfant : le texte du poème.

1. Introduction du poème : Que décrit le début de ce poème ?
2. Découverte du poème.
3. Lecture des noms de l'auteur, de l'ouvrage et de l'éditeur (voir biographie page 157).
4. Lecture expressive.
5. Travail sur l'illustration.

Introduction du poème

Écrire au tableau ces vers extraits du poème :
« Blanches, grises, vertes, bleues,
Tortues à la queue leu leu,
Jaunes, rouges, beiges, noires,
Tortues têtues Tintamarre !
Bloquées dans vos carapaces »

Demander à un élève de les lire à haute voix puis poser quelques questions à la classe :

– « De quoi parle-t-on ? », « S'agit-il vraiment de tortues ? », « Pourquoi ? »

Noter la diversité des couleurs, préciser que le mot « tintamarre » signifie un bruit important.

Guider les élèves vers l'idée de voitures, puis d'embouteillage, ce qui ne sera peut-être pas si facile si l'on habite dans un paisible village…

Si cette idée a été perçue, relever tout ce qui l'évoque dans le texte : la diversité des couleurs, le bruit, la forme de la tortue, sa vitesse, son entêtement (on fait rarement demi-tour dans un embouteillage)…
Distribuer ensuite le poème.

Si l'idée n'a pas été perçue, distribuer directement le texte du poème.

Découverte du poème

1. Demander aux élèves de lire le poème et de noter (dans le cahier de brouillon, par exemple) les mots qu'ils ne connaissent pas.

2. Expliquer (avec l'aide de la classe) les mots notés par les élèves.

3. Lire le texte à haute voix et poser ensuite quelques questions destinées à éclaircir cette lecture :
   – « Quel est le titre du texte ? », « Que signifie-t-il ? »
   – « Que fait l'auteur pour décrire cet embouteillage ? », « L'image de la tortue vous semble-t-elle bien choisie ? », « Pourquoi ? »
   – « Que dit le dernier vers ? », « Qu'en pensez-vous ? », « À votre avis, comment se déplace l'auteur ? »
   – « Observez la façon d'écrire de l'auteur (on peut relire quelques lignes). Pourquoi fait-elle penser à un embouteillage ? »
     Phrases hachées, nombreuses virgules, énumération, choix des verbes et de leur sonorité…

Cette observation sera, bien sûr, plus ou moins complète suivant le niveau de la classe.

Lecture des noms de l'auteur, de l'ouvrage et de l'éditeur

Après l'identification de ces noms (cf. séquence 1), le poème est découpé puis collé sur la page de droite du cahier de poésie.

Lecture expressive

Proposer aux élèves de s'entraîner à lire la première strophe de façon expressive. Demander ensuite à un élève de lire cette strophe à haute voix. La classe commente.

- « A-t-il lu de façon satisfaisante ou bien a-t-il hésité sur certains mots ? », « Si oui, lesquels ? », « Que faire pour éviter ces hésitations ? »
- « Le ton donné correspond-il à l'ambiance décrite ? », « Comment l'améliorer ? »
- « A-t-il fait ressentir les points d'exclamation ? »
- « A-t-il exprimé la "victoire" de l'auteur dans le dernier vers ? »

D'autres élèves s'essaient à cette lecture. Ils peuvent s'orienter vers une lecture rapide, saccadée, ou bien, au contraire, lente et déprimée, ne s'énervant que sur les vers terminés par un point d'exclamation. Il sera de toutes façons important d'expérimenter différentes inspirations, même les plus improbables.

Le texte étant relativement long et difficile, il ne semble pas indispensable d'en exiger une connaissance « par cœur ». Une lecture bien maîtrisée sera certainement plus profitable.

Travail sur l'illustration

Suivant le temps dont on dispose et le niveau de la classe, on pourra opter pour une illustration « classique » sur laquelle les élèves représenteront l'embouteillage, mais on pourra également s'orienter vers une représentation plus surréaliste :

1. Expliquer aux élèves que les mots de la dernière strophe vont devenir des camions et des voitures. Les mots courts sont des voitures, les mots longs des camions. C'est avec ces mots que l'embouteillage va être représenté.

2. Demander aux élèves de choisir dans la dernière strophe douze mots « voiture » et six mots « camion ». Ces mots sont notés au tableau.
   Par exemple :
   – Mots « voiture » : blanches, grises, vertes, bleues…
   – Mots « camion » : queue leu leu, tortues têtues, tintamarre…

3 Montrer au tableau comment un mot peut être transformé en voiture ou en camion. Il faut prévoir neuf mots qui vont vers la gauche et neuf autres qui vont vers la droite.

4 Distribuer une feuille de cahier et demander aux élèves d'y recopier ces mots puis de les transformer en camion et en voiture. Préciser que ses mots doivent être bien lisibles, mais pas trop gros.

5 Faire découper les « véhicules » puis distribuer une feuille blanche format A4. Demander aux élèves de poser les véhicules sur la feuille. On se rend compte qu'il est nécessaire de tracer les routes sur lesquelles les véhicules seront placés, ainsi que le carrefour à l'origine de l'embouteillage. Ceux-ci sont tracés au crayon (proposer un carrefour en Y qui réduit les problèmes de perspective). Les véhicules sont placés sur les routes : circulation fluide avant le carrefour, dense puis entremêlée. On pourra « gonfler » la route au niveau du carrefour afin de mieux représenter l'embouteillage.

6 Une fois l'embouteillage organisé, faire coller les véhicule puis dessiner un décor en bordure de route (maisons, arbres…).

7 Afin de rester en accord avec le poème, on pourra retourner au texte puis faire ajouter des feux tricolores au carrefour ainsi qu'un piéton qui traverse (celui qui dit « Je passe » à la fin du poème).

8 Exposer les travaux réalisés puis faire plier la feuille en deux afin de la coller dans le cahier de poésie.

L'Embouteillage

L'Embouteillage

Feu vert Feu vert Feu vert !
Le chemin est ouvert !
Tortues blanches, tortues grises, tortues noires,
Tortues têtues Tintamarre !
Les autos crachotent,
Toussotent, cahotent
Quatre centimètres
Puis toutes s'arrêtent.

Feu rouge Feu rouge Feu rouge !
Pas une ne bouge !
Tortues jaunes, tortues beiges, tortues noires,
Tortues têtues Tintamarre !
Hoquettent, s'entêtent,
Quatre millimètres,
Pare-chocs à pare-chocs
Les voitures stoppent.

Blanches, grises, vertes, bleues,
Tortues à la queue leu leu,
Jaunes, rouges, beiges, noires,
Tortues têtues Tintamarre !
Bloquées dans vos carapaces
Regardez-moi bien : je passe !

Jacques Charpentreau
in *La Ville enchantée*

L'Embouteillage

Feu vert Feu vert Feu vert !
Le chemin est ouvert !
Tortues blanches, tortues grises, tortues noires,
Tortues têtues Tintamarre !
Les autos crachotent,
Toussotent, cahotent
Quatre centimètres
Puis toutes s'arrêtent.

Feu rouge Feu rouge Feu rouge !
Pas une ne bouge !
Tortues jaunes, tortues beiges, tortues noires,
Tortues têtues Tintamarre !
Hoquettent, s'entêtent,
Quatre millimètres,
Pare-chocs à pare-chocs
Les voitures stoppent.

Blanches, grises, vertes, bleues,
Tortues à la queue leu leu,
Jaunes, rouges, beiges, noires,
Tortues têtues Tintamarre !
Bloquées dans vos carapaces
Regardez-moi bien : je passe !

Jacques Charpentreau
in *La Ville enchantée*
© Jacques Charpentreau

La Flûte

Je n'étais qu'une plante inutile, un roseau.
Aussi, je végétais, si frêle qu'un oiseau
En se posant sur moi pouvait briser ma vie.
Maintenant je suis flûte et l'on me porte envie.
Car un vieux vagabond, voyant que je pleurais,
Un matin en passant m'arracha du marais.
De mon cœur, qu'il vida, fit un tuyau sonore,
Le mit sécher un an, puis le perçant encore,
Il y fixa la gamme avec huit trous égaux :
Et depuis, quand sa lèvre aux souffles musicaux
Éveille les chansons au creux de mon silence,
Je tressaille, je vibre et la note s'élance ;
Le chapelet des sons va s'égrenant dans l'air ;
On dirait le babil d'une source au flot clair ;
Et dans ce flot chantant qu'un vague écho répète
Je sais noyer le cœur de l'homme et de la bête.

Jean Richepin
in *La Chanson des gueux*

Dominante :

Expression orale.

Objectifs :

- S'entraîner à la lecture expressive d'un poème.
- Repérer des groupes de souffle.

Déroulement de la séance

Avant la séance, photocopier puis découper la fiche élève correspondante.
Un seul document pour chaque enfant : le texte du poème.

1. Introduction du poème : Que pourrait raconter le bois de cet objet ?
2. Découverte et lecture expressive du poème.
3. Lecture des noms de l'auteur, de l'ouvrage et de l'éditeur (voir biographie page 158).
4. Illustration libre.

Introduction du poème

Montrer un objet en bois pris dans la classe (de préférence un pipeau, une flûte… à défaut une règle…).

– « Quel est le nom de cet objet ? », « À quoi sert-il ? »
– « En quoi est-il fait ? »
– « D'où vient ce bois ? »

– « Où poussait cet arbre ? », « Où pouvait-il pousser ? »
(En France, mais aussi ailleurs…)
– « Si le bois pouvait parler, que dirait-il ? », « Que raconterait-il ? »
– « À votre avis, qu'est-ce qui est préférable pour ce bois : rester arbre de la forêt ou devenir… (nom de l'objet montré) ? », « Pourquoi ? »

Informer ensuite les élèves qu'il va leur être distribué un poème évoquant une transformation.

Découverte et lecture expressive du poème

Le poème est distribué. Les élèves le lisent silencieusement et ont pour consigne de noter les mots inconnus dans leur cahier de brouillon.
Le texte étant dense et relativement difficile, il est probable que certains élèves ne le liront pas jusqu'au bout ou abandonneront en cours de route.

1 Lecture des trois premiers vers (à haute voix par l'enseignant)

« Je n'étais qu'une plante inutile, un roseau.
Aussi je végétais, si frêle qu'un oiseau
En se posant sur moi pouvait briser ma vie. »

– « Quels sont les mots que vous ne comprenez pas ? »
Les expliquer.

– « Que disent ces vers ? »
Les élèves reformulent, sans lire le texte.

– « Quels sont les mots qui montrent que le roseau n'est guère content de sa situation ? »
« inutile », « végétais », « frêle », « briser ma vie ».

– « Comment lire correctement ces vers ? »
Aider les élèves à trouver un ton juste et à repérer les groupes de souffle. Ceux-ci peuvent être mis en couleur directement sur le texte.

Par exemple : « Je n'étais qu'une plante inutile, un roseau.
Aussi je végétais, si frêle qu'un oiseau
En se posant sur moi pouvait briser ma vie. »

2 Lecture des six vers suivants (à haute voix par l'enseignant)

« Maintenant je suis une flûte et l'on me porte envie.
Car un vieux vagabond, voyant que je pleurais,
Un matin en passant m'arracha du marais.
De mon cœur, qu'il vida, fit un tuyau sonore,
Le mit sécher un an, puis le perçant encore,
Il y fixa la gamme avec huit trous égaux. »

La démarche suivie est la même que précédemment : explication des mots incompris, reformulation du texte, recherche du ton et des groupes de souffle.
Noter la nécessité d'un changement de ton par rapport aux trois premiers vers (surtout pour *« Maintenant je suis… »*, qui doit être dit avec gaieté et orgueil).

③ Lecture progressive de la fin du texte (à haute voix par les élèves)
Proposer à un élève de lire les trois vers suivants.

– « Que signifient-ils ? »
Expliquer les mots ou expressions non compris.

– « Comment les lire ? »
La classe précise les groupes de souffle en écoutant une nouvelle lecture de ces trois vers. Essayer également différentes interprétations, destinées à trouver le ton juste.

Les quatre derniers vers sont lus par un autre élève. Suivre la même démarche que précédemment.

④ Lecture de l'ensemble du poème
Le texte est relu à haute voix par plusieurs élèves. S'attacher à respecter les groupes de souffle mis en couleur, ainsi que les variations dans le ton.

Lecture des noms de l'auteur, de l'ouvrage et de l'éditeur

Lors de l'identification de ces noms (cf. séquence 1), indiquer que ce poème a été écrit par Jean Richepin (nom à écrire au tableau). Donner quelques informations sélectionnées dans la biographie de l'auteur, page 158.

Illustration libre

Le poème est ensuite découpé et collé sur la page de droite du cahier de poésie. Les élèves l'illustrent librement sur la page de gauche, par exemple en relatant en images séquentielles la transformation du roseau en flûte.

La Flûte

Je n'étais qu'une plante inutile, un roseau.
Aussi, je végétais, si frêle qu'un oiseau
En se posant sur moi pouvait briser ma vie.
Maintenant je suis flûte et l'on me porte envie.
Car un vieux vagabond, voyant que je pleurais,
Un matin en passant m'arracha du marais.
De mon cœur, qu'il vida, fit un tuyau sonore,
Le mit sécher un an, puis le perçant encore,
Il y fixa la gamme avec huit trous égaux :
Et depuis, quand sa lèvre aux souffles musicaux
Éveille les chansons au creux de mon silence,
Je tressaille, je vibre et la note s'élance ;
Le chapelet des sons va s'égrenant dans l'air ;
On dirait le babil d'une source au flot clair ;
Et dans ce flot chantant qu'un vague écho répète
Je sais noyer le cœur de l'homme et de la bête.

Jean Richepin
in *La Chanson des gueux*

La Flûte

Je n'étais qu'une plante inutile, un roseau.
Aussi, je végétais, si frêle qu'un oiseau
En se posant sur moi pouvait briser ma vie.
Maintenant je suis flûte et l'on me porte envie.
Car un vieux vagabond, voyant que je pleurais,
Un matin en passant m'arracha du marais.
De mon cœur, qu'il vida, fit un tuyau sonore,
Le mit sécher un an, puis le perçant encore,
Il y fixa la gamme avec huit trous égaux :
Et depuis, quand sa lèvre aux souffles musicaux
Éveille les chansons au creux de mon silence,
Je tressaille, je vibre et la note s'élance ;
Le chapelet des sons va s'égrenant dans l'air ;
On dirait le babil d'une source au flot clair ;
Et dans ce flot chantant qu'un vague écho répète
Je sais noyer le cœur de l'homme et de la bête.

Jean Richepin
in *La Chanson des gueux*

Les deux voyageurs

Guide pédagogique 30

Le compère Thomas et son ami Lubin
Allaient à pied tous les deux à la ville prochaine.
Thomas trouve sur son chemin
Une bourse de louis pleine.
Il l'emporte aussitôt, Lubin d'un air content
Lui dit : Pour nous la bonne aubaine !
Non, répond Thomas, froidement,
Pour nous n'est pas bien dit, pour moi c'est différent.
Lubin ne souffle plus : mais en quittant la plaine,
Ils trouvent des voleurs cachés au bois voisin.
Thomas tremblant et non sans cause,
Dit : Nous sommes perdus !
Non, lui répond Lubin, Nous n'est pas le vrai mot, mais toi c'est autre chose.
Cela dit, il s'échappe, Thomas est bientôt pris :

Qui ne songe qu'à soi quand la fortune est bonne,
Dans le malheur n'a point d'amis.

Jean-Pierre Claris de Florian
in *Fables*

Dominante :

Production d'écrits.

Objectifs :

- Comprendre la morale d'une fable.
- Écrire une adaptation moderne de cette fable.

Déroulement de la séance

Avant la séance, photocopier puis découper la fiche élève correspondante.
Deux documents séparés pour chaque enfant :
– la première partie de la fable ;
– la seconde partie de la fable.

1. Introduction du poème : Que signifie cette morale ?
2. Découverte et compréhension de la première partie de la fable.
3. Recherche orale collective d'une suite en accord avec la morale.
4. Découverte et compréhension de la seconde partie de la fable.
5. Adaptation et écriture d'une fable moderne illustrant la même morale.

Introduction du poème

Demander aux élèves (surtout en CM1) de citer quelques fables qu'ils connaissent.

« De quoi parlent-elles ? », « Quelle en est la morale ? » (« Qu'est-ce que la morale d'une fable ? »)

Indiquer ensuite que la classe va découvrir une nouvelle fable, qui a été écrite en 1788, et écrire la morale au tableau :

« Qui ne songe qu'à soi quand la fortune est bonne,
Dans le malheur n'a point d'amis. »

– « Que signifie cette phrase ? »

Expliquer éventuellement les mots « fortune » et « point », puis aider les élèves à découvrir le sens de cette phrase.

– « Qui peut trouver un exemple d'histoire qui pourrait se terminer par cette morale ? »

Si quelques histoires sont proposées, vérifier collectivement qu'elles correspondent à la morale donnée (dans le cas contraire, justifier le désaccord !).
Si personne ne propose d'histoire, passer directement à la distribution de la première partie du texte.

Découverte et compréhension de la première partie de la fable

1. Distribuer la première partie de la fable et laisser les élèves la découvrir silencieusement. Leur demander de noter les mots ou expressions qu'ils ne comprennent pas.

2. Expliquer les mots qui ont été signalés puis lire le texte à haute voix.
   – « Que raconte cette histoire ? »
   – « Qu'est-ce qui montre qu'elle a été écrite il y a longtemps ? » (Le vocabulaire, le style…)
   – « À votre avis, est-elle terminée ? », « Pourquoi ? »
   – « Quel rapport voyez-vous entre cette histoire et la morale qui est écrite au tableau ? »

   Noter que cette partie correspond à la première ligne de la morale.

Recherche orale collective d'une suite en accord avec la morale

« À votre avis, que va-t-il se passer ? »

Laisser les élèves ébaucher des suites. La classe juge de la qualité des liens les reliant à la morale.

Il ne s'agit pas d'obtenir la suite originale de la fable, mais d'inciter les élèves à développer un récit en tenant compte de différentes contraintes.
Si un élève fait fausse route en développant une histoire qui ne cadre pas avec la morale, lui dire et lui expliquer pourquoi : la suite doit illustrer le seconde partie de la morale (*« Dans le malheur n'a point d'amis »*) et rien d'autre.

Ce n'est pas à l'enseignant de « donner » la suite, mais aux élèves de la trouver (ou en tout cas d'essayer !).

Découverte et compréhension de la seconde partie de la fable

Distribuer la seconde partie de la fable, qui est exploitée comme la première (lecture silencieuse avec repérage des mots inconnus, explication de ces mots, puis lecture à haute voix).

- « Que raconte cette deuxième partie ? »
- « En quoi illustre-t-elle parfaitement la morale de la fable ? »

La fable entière est relue à haute voix.
Terminer avec le nom de l'auteur (en précisant qu'il vivait il y a plus de 200 ans).

La fable est ensuite découpée, reconstituée puis collée sur la page de droite du cahier de poésie.

Adaptation et écriture d'une fable moderne illustrant la même morale

1 Phase orale collective

Demander aux élèves de trouver une situation moderne correspondant à celle développée dans la fable.
Les élèves font des propositions, que la classe commente.

Le prétexte de l'argent est bien sûr remis au goût du jour, mais essayer de s'en éloigner pour trouver d'autres pistes (ex. : il trouve un gâteau, le mange tout seul, est malade et son ami ne veut pas l'aider...).

Plusieurs histoires sont ainsi développées et améliorées collectivement. En classe de CE2, on pourra s'atteler à l'écriture collective de l'une d'elles, qui sera ensuite recopiée dans le cahier de poésie.

2 Phase écrite individuelle

En classe de CM1 (voire en fin d'année de CE2), demander à chaque élève de raconter par écrit une des histoires développées collectivement dans la phase précédente.

Les élèves travailleront de préférence sur une feuille volante ou dans le cahier de brouillon, afin que l'enseignant puisse plus aisément corriger les textes. Ceux-ci seront ensuite lus à haute voix puis recopiés dans le cahier de poésie, en face de la fable de Jean-Pierre Claris de Florian.

Les deux voyageurs

Le compère Thomas et son ami Lubin
Allaient à pied tous les deux à la ville prochaine.
Thomas trouve sur son chemin
Une bourse de louis pleine.
Il l'emporte aussitôt, Lubin d'un air content
Lui dit : Pour nous la bonne aubaine !
Non, répond Thomas, froidement,
Pour nous n'est pas bien dit, pour moi c'est différent.

Lubin ne souffle plus : mais en quittant la plaine,
Ils trouvent des voleurs cachés au bois voisin.
Thomas tremblant et non sans cause,
Dit : Nous sommes perdus !
Non, lui répond Lubin, Nous n'est pas le vrai mot, mais toi
c'est autre chose.
Cela dit, il s'échappe, Thomas est bientôt pris :

Qui ne songe qu'à soi quand la fortune est bonne,
Dans le malheur n'a point d'amis.

Jean-Pierre Claris de Florian
in *Fables*,

BIOGRAPHIES DES AUTEURS CITÉS

- **Guillaume Apollinaire** (Wilhelm Apollinaris de Kostrowitzky de son vrai nom) est né à Rome, en 1880. Il habite ensuite à Paris, où il vit pauvrement avec sa mère et son frère. Il exerce différents métiers, mais ce qui lui plaît surtout, c'est l'écriture ! Il réussit à publier des poèmes dans des journaux et devient enfin célèbre. Les peintres Picasso et Braque sont ses amis.
  En 1915, il part faire la guerre contre l'Allemagne. Il est blessé à la tête par un éclat d'obus. Il reprend sa vie d'artiste après la guerre, mais il tombe malade et meurt en 1918. Il avait trente-huit ans.

- **Maurice Carême** est né en Belgique, en 1899. Son père est peintre en bâtiment et sa mère tient une petite épicerie. Il a quinze ans lorsqu'il écrit ses premiers poèmes, et vingt-six ans lorsqu'il publie son premier recueil de poèmes. Il est alors instituteur et se passionne pour la poésie écrite par et pour les enfants. Il se consacre de plus en plus à la littérature et publie de nombreux recueils qui rencontrent un grand succès dans le monde entier. Tous les enfants de France et de Belgique connaissent au moins un poème de lui. Maurice Carême meurt à Bruxelles en 1978.

- **Jacques Charpentreau** est né en 1928, aux Sables d'Olonne. Il est d'abord instituteur, puis professeur de français. Il publie de nombreux recueils de poésies, mais aussi des contes, des nouvelles et même des dictionnaires ! Ses poèmes ont été traduits en de nombreuses langues, parmi lesquelles le russe, le chinois et le japonais.

- **Jean-Pierre Claris de Florian** est né en 1755, dans le Gard. Il apprécie beaucoup les fables de La Fontaine, ce qui stimule peut-être son talent de fabuliste, grâce auquel il devient célèbre. Il meurt en 1794.

- **Pierre Coran** est né en 1933 à Saint-Denis en Brocqueroie, en Belgique. Son instituteur remarque bien vite son goût pour les mots et l'encourage à écrire. Au collège, Pierre Coran rend ses devoirs de français écrits en vers ! À vingt ans, il devient maître d'école.
  Il publie son premier recueil de poèmes en 1959, recueil qui sera suivi de nombreux romans destinés à la jeunesse. Lorsqu'on lui demande pourquoi il écrit, Pierre Coran répond : « Pour la part d'enfance qui vit en chacun de nous, discrète et révélée, au-delà des âges et des modes. »
  Ajoutons que sa devise est : « J'avance dans l'hiver à force de printemps. »

- **Pierre Corneille** est né à Rouen, en 1606. Il est avocat de profession mais préfère fréquenter les théâtres. Il écrit sa première comédie à vingt-trois ans. Sa tragédie, *Le Cid*, le rend si célèbre qu'il est anobli par Louis XIV. Il se marie et fonde une famille de sept enfants. Il meurt à Paris, en 1684.

Biographies des auteurs cités

- **Louis Delorme** est né en France, en 1934. Il est d'abord instituteur, puis directeur d'école. Il publie de nombreux poèmes, ainsi que des romans et des contes. Louis Delorme a su rester proche des enfants et se déplace souvent dans les écoles pour porter la parole poétique aux jeunes élèves.

- **Robert Desnos** est né à Paris, en 1900. À l'école, il n'est pas un excellent élève. Devenu grand, il occupe de nombreux petits emplois qui ne le passionnent pas. Il devient enfin secrétaire d'un journaliste connu, ce qui lui permet de rencontrer d'autres poètes. Pendant la Seconde Guerre mondiale, il écrit des articles de journaux hostiles aux Allemands. Il est arrêté en 1944 et déporté dans un camp de concentration. Il y meurt le 8 juin 1945, peu avant la libération du camp par l'armée soviétique.

- **Jacques Prévert** est né en 1900, à Neuilly-sur-Seine. Il exerce de nombreux petits métiers, mais consacre la plus grande partie de son temps à l'écriture de pièces de théâtre et de dialogues de films (*Drôle de drame*, *Quai des brumes*, *Les Enfants du paradis*). Son recueil, *Paroles*, publié en 1945, rencontre un grand succès et fait de lui le poète français le plus populaire. Il meurt en 1977 à Omonville-la-Petite.

- **Raymond Queneau** est né en 1903, au Havre. Il s'intéresse aux mathématiques et à la philosophie. Il écrit des romans et des poèmes (certains de ses poèmes sont mis en musique et deviennent des chansons célèbres). C'est l'un des plus grands écrivains français. Il meurt à Neuilly en 1979.

- **Jean Richepin** est né en 1849, en Algérie. Il exerce de nombreux petits métiers et connaîtra même la prison. Son recueil *La Chanson des gueux* est publié en 1876 et le rend célèbre. Il meurt à Paris en 1926.

- **Maurice Rollinat** est né à Châteauroux en 1846. Il est le filleul du célèbre écrivain George Sand. Les paysages de France lui inspirent de nombreux poèmes. Il meurt en 1903, à Ivry.

- **Claude Roy** est né à Paris, en 1915. Il écrit de nombreux poèmes (que l'on retrouve souvent dans les livres de lecture) et romans. Il meurt en 1997.

- **Jean Tardieu** est né à St-Germain-de-Joux, en 1903. Il écrit de nombreux poèmes mais aussi des pièces de théâtre. Il meurt en 1995.

INDEX DES AUTEURS

Dans la collection « Maîtrise de la langue »

Production d'écrits et arts plastiques CP,
Guillemette D'Enfert, Serge Paolorsi, Sophie Hanns

Poésies et jeux de langage CP/CE1,
Christian Lamblin

Poésies et jeux de langage CM1/CM2,
Christian Lamblin

Conception et réalisation : Domino
Édition : Anne Marty
Préparation : Catherine Lainé
Corrections : Florence Richard

N° d'éditeur : 1185
N° de projet : 10115587 – Dépôt légal : Novembre 2002
Achevé d'imprimer en France en mai 2004 par EMD S.A., 53110 Lassay-les-Châteaux, N° 11967